KALE

La edición original de esta obra ha sido publicada en el
Reino Unido en 2016 por Apple Press, sello editorial del
grupo Quantum Books Limited, con el título

We Love Kale

Traducción del inglés
Ariadna Guinovart Caballé

Copyright © de la edición original, Quantum Books Ltd, 2016
Copyright © de la edición española, Cinco Tintas, S.L., 2016
Diagonal, 402 – 08037 Barcelona
www.cincotintas.com

Publicación: Kerry Enzor
Edición del proyecto: Charlotte Frost y Lucy Kingett
Asistencia de edición: Emma Harverson
Dirección de la producción: Zarni Win
Diseño: Lucy Parissi
Estilismo: Jassy Davis
Fotografía: Simon Pask

Impreso en China
Código IBIC: WBT

ISBN 978-84-16407-13-2

KALE

La col rizada en más de
100 saludables recetas

KRISTEN BEDDARD, KAREN S. BURNS-BOOTH, CAROLYN COPE,
JASSY DAVIS Y KRISTINA SLOGGETT

5 tintas

TABLA DE CONTENIDOS

22

32

35

52

57

58

68

79

85

PLATOS PRINCIPALES

SOPAS, ENSALADAS Y GUARNICIONES

REPOSTERÍA Y POSTRES

LEYENDA DE SÍMBOLOS

(V) VEGETARIANO

(VG) VEGANO (Y VEGETARIANO)

(SL) SIN LÁCTEOS

(SG) SIN GLUTEN

(ST) SIN TRIGO

Las recetas vegetarianas y veganas están identificadas en la parte superior de las páginas de las recetas principales.

91

97

126

141

142

148

156

161

167

CONOZCA A LAS BLOGGERS

KRISTEN BEDDARD es la fundadora estadounidense de **The Kale Project**, que tiene su base en París, y del blog homónimo, una iniciativa de gran éxito para reintroducir la kale en Francia. A través de su trabajo con los agricultores franceses, ahora la col kale puede encontrarse en varios mercados al aire libre y supermercados. Actualmente reside en París.

KAREN S. BURNS-BOOTH es una autora profesional de recetas y estilista culinaria que divide su tiempo entre el Reino Unido y Francia. Además de escribir para su propia web, **Lavender and Lovage**, colabora regularmente con una gran variedad de publicaciones impresas y crea recetas para grandes marcas en el Reino Unido y Europa en general.

CAROLYN COPE es una escritora especializada en cocina y estilo de vida, y la voz detrás del popular blog **Umami Girl**, donde el mundo es a partes iguales comer-para-vivir y vivir-para-comer. Viajera entusiasta, músico y yogui, reside en la gran ciudad de Nueva York, EE.UU.

JASSY DAVIS, residente en Londres, es autora de recetas para la compañía británica de verduras orgánicas Abel & Cole y también es estilista culinaria profesional. Las recetas que ha creado para este libro se inspiran en sabores asiáticos y cocinas del mundo. Su blog es **Gin and Crumpets**.

KRISTINA SLOGGETT es escritora especializada en comida saludable vegana y creadora de recetas. Su blog **spabettie** se centra en recetas a base de plantas con colores vibrantes y sabores intensos para la comunidad vegana. Actualmente vive en Portland, EE.UU.

POR QUÉ NOS ENCANTA LA KALE

LA KALE HA PASADO DE SER UN ALIMENTO HIPPIE A CONVERTIRSE EN LA REINA DE LAS VERDURAS, LA REINA DE LAS COLES Y LA ESTRELLA INDISCUTIBLE DE LOS VEGETALES. ¡Y CON RAZÓN, SI SE TIENE EN CUENTA TODO LO QUE LAS VERDURAS CRUCÍFERAS TIENEN A SU FAVOR!

LA KALE ES BUENA PARA USTED

La kale, que era una verdura de hoja adorada solo por veganos y vegetarianos, se ha generalizado, y no sin razón. Esta verdura encabeza las listas de todas dietas saludables… y, además, su sabor es delicioso.

* **HIERRO:** Uno de los principales beneficios de la kale, y la razón por la cual está siempre presente en los platos de aquellos que no consumen carne, es porque rebosa hierro. De hecho, si se mide por caloría, la kale contiene más hierro que la carne de vacuno.

* **CALCIO:** La kale es una de las muchas verduras de hoja verde que son muy ricas en calcio. Algunos estudios han demostrado que el calcio obtenido de las verduras es mejor para el cuerpo que el que se ingiere a través de la leche y de los productos lácteos. De hecho, por lo general hay más calcio por porción de kale que de leche y el cuerpo lo absorbe mejor.

* **FIBRA:** En el Índice de Densidad de Nutrientes Agregados, la kale obtiene una puntuación de 1.000, que la coloca en lo más alto de las clasificaciones. La mayoría de gente no consume la recomendación diaria de 25 g de fibra para las mujeres y 38 g para los hombres, pero si añade la kale a sus comidas conseguirá cumplir con facilidad este objetivo.

* **VITAMINAS Y ANTIOXIDANTES:** La kale contiene unas cantidades altas de vitaminas C, A y K (véase el apartado «Debe saber», página 12) que ayuda a mantener una buena salud de la vista y de los huesos y a fortalecer el sistema inmunológico.

* **ALCALINA:** La kale se considera una verdura alcalina y, con tantas dietas modernas que incluyen demasiados alimentos ácidos, esta ayuda a compensarlas. En la teoría macrobiótica, donde la dieta tiene como objetivo mantener la armonía del yin y el yang en el organismo, la kale es una verdura clave cuando se trata de equilibrar el yang y además ayuda a la desintoxicación de la sangre.

LA KALE ES UNA VERDURA VERSÁTIL

Hay innumerables maneras de cocinar y disfrutar de la kale. ¿Qué otra verdura puede usarse para una ensalada, un smoothie, un zumo, un aperitivo crujiente, una galleta o un salteado de guarnición? ¡La kale puede emplearse para todas estas opciones! No es muy frecuente que una sencilla verdura de hoja pueda utilizarse de tantas maneras interesantes y divertidas. Si bien es posible que ya haya probado la kale debido a su popularidad, usted continuará consumiéndola porque se puede añadir tanto a un smoothie de desayuno como a un plato de pasta en el último minuto.

LA KALE ES FÁCIL DE COCINAR

Hay muchas recetas maravillosas para probar la kale, pero aquí hay dos formas básicas para prepararla alguna noche que solo quiera comer algo sencillo, verde y saludable.

＊**AL VAPOR:** No la hierva, solo cocínela ligeramente al vapor. En un cazo pequeño, hierva alrededor de 2 cm de agua; a continuación, coloque en la parte superior del cazo una vaporera de bambú o un colador resistente al calor que contenga la kale. Cocínela al vapor hasta que adquiera un color verde brillante y luego escúrrala. Para darle sabor, añada aceite de oliva y sal, zumo de limón o gomasio (sal de sésamo).

＊**SALTEADA:** En un cazo mediano, caliente aceite de oliva y ajo y agregue la kale troceada. Añada chile si la quiere un poco picante. Continúe removiendo hasta que las verduras estén cocinadas, unos 7 minutos. Si es necesario, añada una cucharada de agua después de unos 3 minutos para proporcionar un poco de humedad adicional.

LA KALE ES FÁCIL DE CULTIVAR

Si tiene un pequeño jardín o incluso un balcón con unas jardineras, cultivar kale es realmente sencillo. Todo lo que necesita hacer es plantar unas cuantas semillas y será capaz de cosechar kale casi todo el año (dependiendo de donde viva). Para más información sobre la ubicación ideal para cultivar las diferentes variedades de kale, consulte las páginas 16-17.

Primero, se recomienda germinar las semillas y plantarlas cuando las plántulas tienen entre 10-12 cm de altura. Coloque las plantas a aproximadamente 50 cm de distancia y en filas a 50-60 cm de separación. Las plantas deben recibir mucha luz solar y ser regadas diariamente.

Si planta kale en un balcón, coloque las semillas 2-3 cm por debajo de la tierra, cúbralas y riéguelas diariamente. Los brotes aparecerán en una semana.

EL MASAJE DE LA KALE

Podría parecer una locura masajear una verdura, pero este es un paso clave para cualquier ensalada de kale. Cuando la kale esté troceada y en la ensaladera, y antes de añadir el resto de ingredientes, agregue el aderezo de su elección y masajéela con las manos... con amor, por supuesto. Amasarla durante 1-2 minutos marina y ablanda las hojas. Deje que la ensalada repose durante 30-60 minutos antes de comerla.

DEBE SABER Si tiene problemas de tiroides, consulte a un médico antes de consumir kale o verduras crucíferas. El alto contenido en vitamina K puede afectar a ciertos medicamentos para la tiroides.

10 MANERAS
DE COMER MÁS KALE

1 HORNEADA EN CASA

Trocee un puñado o dos de kale sin el tallo y échelo en la masa de un pastel, pan o muffin para agregar más fibra. La mayoría de la gente ni siquiera se dará cuenta de su presencia, pero los beneficios para la salud estarán allí. Pruebe los sabrosos Brownies con tesoro escondido de la página 167.

2 MAÑANAS

La kale pertenece al desayuno. ¿Qué mejor manera de empezar el día? Añada kale a sus huevos revueltos, así como al Tofu revuelto de la página 38. Para empezar el día de una manera más dulce, pruebe a añadir kale a la granola casera como en la Granola crujiente de kale de la página 32.

3 APERITIVOS DE FIESTA

Añada kale a las salsas como el Dip de kale y alcachofas al horno de la página 57 o prepare un plato de Rollitos de jengibre, shiitake y aguacate en la siguiente comida a la que invite a sus amigos (página 58). Las Chips de kale al pesto Alfredo de la página 52 son un aperitivo delicioso para las fiestas y a los niños les encantarán.

4 CEREALES ANTIGUOS

Hay tantos cereales antiguos para probar, ¿y qué mejor manera de hacerlo que con kale? Quinoa, espelta, arroz integral, mijo y muchos más se convierten en magníficas guarniciones o en una comida abundante. Pruebe el Risotto de cebada perlada, kale y parmesano de la página 109.

5 SMOOTHIES

Los smoothies cremosos son buenos a cualquier hora del día y son aún mejores con un montón de kale. Empiece con el Smoothie tropical de la página 22.

7 SOPAS

Esta es una de las maneras más sencillas de incluir kale en sus comidas. Lave, trocee y añada un par de puñados de kale a cualquier sopa, o, si quiere probar algo nuevo, prepare la Sopa de pollo picante y kimchi de kale de la página 123.

6 ENSALADAS

¿Viene a cenar un amigo que no ha probado la kale? Añada un puñado de kale troceada sin el tallo a una ensalada para obtener un sabor sano y delicioso. O pruebe a preparar la Ensalada vietnamita de pollo de la página 141; la vinagreta hará que a todos les encante esta verdura de hoja.

8 PIZZAS

La kale asada puede convertir la pizza en una cena fácil y también saludable. Las vibrantes verduras tienen un aspecto precioso simplemente colocadas encima de la masa crujiente y dorada de la Pizza con kale y taleggio de la página 92.

9 HAPPY HOUR

El sabor terroso y fresco de la kale combina muy bien con las bebidas espirituosas. Refrésquese en un caluroso día de verano con el Margarita de kale y pepino de la página 80 o con el Dirty kale martini de la página 85.

10 PARA GOLOSOS

Ya no tiene que sentirse culpable por satisfacer un antojo de dulce si le añade un poco de kale. Disfrute de algo dulce con vitaminas y antioxidantes adicionales, como los Bocados cítricos energéticos de la página 164 o las Pancakes verdes dulces de la página 35.

TIPOS DE KALE

El nombre científico de la kale es *Brassica oleracea* var. *sabellica* (grupo Acephala). Dentro de la familia Brassicaceae están todas las coles, como el brócoli, la coliflor, los nabos, los rábanos y muchas más. Se cree que la kale evolucionó a partir de plantas de col silvestre y existen menciones de ella desde hace miles de años en Asia Menor y en todo el Mediterráneo. Como las plantas se fueron reproduciendo, con el tiempo se hizo más popular el cultivo y el consumo de las coles (que, además, duraban más tiempo después de la cosecha). En muchos países y culturas, la kale solamente se cultiva para el consumo animal y no ha sido hasta hace poco, debido a los inmensos beneficios para la salud de esta verdura, que se ha convertido en un superalimento y ha vuelto a ocupar un lugar destacado en los platos.

Tradicionalmente la kale es una verdura de clima frío. La temporada de cosecha va de septiembre a febrero o marzo. En algunas culturas, la kale no se cosecha hasta después de la primera helada, porque esta verdura soporta temperaturas muy frías y algunos dicen que su sabor es más dulce después de una helada.

Su estacionalidad varía según la ubicación, pero la situación ideal para un crecimiento óptimo es:
* Tierra fértil, con un buen drenaje y rica en materia orgánica.
* El pH de la tierra debe ser alrededor de 6,0-7,5.
* Una humedad constante producirá mejor calidad y rendimientos más altos.
* La temperatura ideal para el crecimiento es 7-8 °C (baja) y 20-25 °C (alta).
* El crecimiento es posible en un clima más cálido, pero la planta crecerá y madurará más rápido. Hay tres variedades de kale que son muy comunes en los supermercados, y todas tienen diferentes variedades de semillas.

KALE RIZADA VERDE

¡El nombre lo dice todo! La kale rizada verde es la variedad más común que se cultiva y se vende. Como su nombre indica, las hojas son grandes y de color verde oscuro con los bordes rizados. Con un suave sabor a tierra, esta es la primera variedad que la gente suele probar. Popularmente, también se la conoce como col kale, col rizada, berza o col crespa.

KALE CAVOLO NERO

Esta variedad recibe distintos nombres como kale toscano, kale negro, kale dinosaur y kale lacinato. Muchos se refieren a ella como cavolo nero. Las hojas son más largas y delgadas y menos rizadas que las de la kale rizada; se trata de unas hojas ampolladas de las cuales se dice que se asemejan a la piel de un dinosaurio (de ahí uno de sus nombres). El sabor es ligeramente más fuerte que el de la kale rizada, pero sigue siendo fantástica para todas las recetas con kale.

KALE RED RUSSIAN

Sus hojas son un poco más gruesas y más resistentes que las de la kale rizada o la cavolo nero, pero comparten su sabor terroso. Las hojas pueden ir desde tonalidades rojizas hasta verdes azuladas o verdes moradas. Este tipo de kale es excelente para sopas y salteados.

KALE REDBOR

Es menos probable que encuentre la kale redbor o kale morada en supermercados o mercados de agricultores, pero el vibrante color morado de las hojas es impresionante y siempre destaca entre el resto. Las hojas también son rizadas y su sabor es suave, similar al de la kale rizada verde.

ORNAMENTAL

En algunos países —Francia, por ejemplo—, la kale se cultiva con fines ornamentales en jardines y parques. Tenga en cuenta que no debe consumir esta kale por si acaso las plantas han sido rociadas en exceso con pesticidas.

BABY KALE

Todas estas variedades (excepto la ornamental) pueden recogerse cuando las hojas son más pequeñas, y muchas personas se refieren a ellas como baby kale. La baby kale es más tierna y, en consecuencia, es perfecta para ensaladas o mezclas de ensaladas, o para cualquier receta de kale cruda.

KALE DE BRUSELAS

Hay pocos nombres para denominar este nuevo híbrido vegetal (no OGM) de kale y coles de Bruselas, que crece con un pequeño brote de coles de Bruselas y diminutas hojas de kale. Entre ellos podemos encontrar nombres como Kalettes™, Flower Sprouts o BrusselKale.

Cultivada por una empresa británica de semillas, Tozer Seeds, esta nueva variedad se comercializa desde hace poco y ya está disponible en Estados Unidos. Poco a poco, empezará a comercializarse en el resto del mundo.

COCINAR CON KALE

La belleza de la kale es su gran versatilidad. Para las fotografías de este libro hemos utilizado la kale rizada verde, pero cualquier variedad puede usarse en las recetas (a menos que se especifique lo contrario). ¿Por qué no mezcla y utiliza diferentes variedades o las prueba por separado y encuentra su favorita?

CÓMO PREPARAR LA KALE

ELEGIR LA KALE

Cuando vaya a comprar kale, hay algunas cosas que ha de tener en cuenta. Debe comprarla lo más fresca posible para que dure más tiempo en su frigorífico. Evite comprar kale embolsada, ya que es más probable que sea menos fresca y de menor calidad. Como verá, preparar las hojas de una kale entera fresca es fácil y no se tarda mucho tiempo en hacerlo. Pruebe a comprarla orgánica: la kale puede atraer plagas, y en muchos casos los agricultores industriales la rociarán con pesticidas para mantenerlas alejadas.

PREPARAR LA KALE

Si puede lavar y secar la kale el mismo día que la ha comprado, durará más tiempo.

* **LAVAR LA KALE:** Enjuague cada hoja con agua corriente fría bajo un grifo y elimine cualquier suciedad u otros restos del campo (si es orgánica puede que encuentre una o dos orugas). Limpie la parte frontal y trasera de cada hoja con las manos, siguiendo el tallo y luego hacia los lados de la hoja. Sea más cuidadoso con las variedades rizadas. Si desea eliminar los tallos de la kale (verá cómo, a la derecha), este es un buen momento para hacerlo.

* **SECAR LA KALE:** Una manera fácil de secar la kale es usando una centrifugadora de ensaladas. Coloque la kale lavada dentro y centrifúguela durante 2-3 ciclos. Puede secar las hojas con papel de cocina si no dispone de una, pero si planea comer mucha más kale en el futuro, una centrifugadora es una buena inversión. Si está preparando chips de kale y no tiene centrifugadora, ¡se sabe que algunas personas han usado un secador de pelo para secar la kale!

ELIMINAR LOS TALLOS

Muchas recetas requieren que la kale esté sin los tallos. Este es el sencillo proceso para separar la parte de la hoja propiamente dicha del tallo grueso y duro. Sujete la hoja doblada por la mitad con una mano y, con un cuchillo, corte el tallo —que ahora le queda a un lado— de abajo arriba.

En general, las recetas sugieren hacer esto porque el tallo es demasiado duro y fibroso para comérselo. Por ejemplo, las ensaladas de kale cruda y los smoothies son mejores con kale sin tallos. Puede guardar los tallos para extraerles su jugo o hacer un caldo de verduras casero.

CORTAR Y TROCEAR

Existen varias maneras de cortar y trocear la kale, todo depende de lo que pida la receta y también de cómo quiera servirla.

* **CHIFFONADE:** La textura más dura de las hojas puede parecer difícil de comer, especialmente para los nuevos en las ensaladas de kale cruda. Si trocea finamente las hojas con el corte de la chiffonade, su primer contacto con la kale será más fácil. Con el tiempo, las ensaladas de kale no requerirán un corte fino, sino que podrá cortarla más rápidamente en trozos más grandes.

* **TAMAÑO BOCADO:** Para smoothies, salteados, sopas, pastas y demás, no necesita cortar la kale de manera uniforme, sino que puede cortarla rápidamente en trozos del tamaño de un mordisco.

* **TIRAS:** Para algunos platos es posible que desee cortar la kale en tiras más uniformes. Esto puede hacerse con aquella kale que todavía conserve los tallos. Dóblela de manera que quede en forma de media hoja y córtela en tiras horizontales.

Para este método y para toda la kale con tallos, se recomienda solo cortar el tallo que está unido a una parte de la hoja y desprenderse de la base del tallo.

CONSERVAR LA KALE

Cuando la kale esté seca, guárdela en una bolsa de plástico con cierre. Retire todo el aire y podrá guardar la kale durante un máximo de 10 días en el frigorífico. Es importante que se haya eliminado la mayor parte de la humedad para asegurarse de que la kale no se congele parcialmente.

* **CONGELAR:** Congelar kale es una buena idea si quiere comprarla a granel de cultivos locales y disfrutar de ella siempre que le apetezca. Puede congelar kale utilizando dos métodos diferentes.

* **CRUDA:** Lávela, séquela y córtela en su tamaño preferido. No tiene por qué arrancarle los tallos a la kale pero tenga en cuenta que después de congelarla no podrá hacerlo. No necesita secarla tanto como si fuera a consumirla enseguida. Guárdela en una bolsa de congelación.

* **PRECOCINADA:** Lave la kale y quítele los tallos, si lo prefiere. Escáldela rápidamente en una olla de agua hirviendo durante 30 segundos. Sáquela con unas pinzas o una espumadera y colóquela en un cuenco con agua helada para enfriarla rápidamente. Séquela con papel de cocina y luego colóquela en bolsas de congelación.

Otra opción para congelar kale precocinada es congelarla inicialmente en bandejas de cubitos de hielo. Esto hará que disponga de pequeñas porciones individuales congeladas para su uso diario en los smoothies. Coloque la kale precocinada en bandejas de cubitos de hielo y congélela durante la noche. Posteriormente retire todos los cubitos de kale y colóquelos en una bolsa de congelación.

La kale puede aguantar hasta 6 meses en el congelador y, aunque no nos sirva para recetas que requieren kale fresca o cruda, es una fantástica opción para otros platos de kale.

NOTAS SOBRE OTROS INGREDIENTES

HUEVOS: Las recetas que aparecen en este libro usan huevos medianos de cría campera. Los huevos medianos pesan normalmente 57 g, el equivalente a 3 ¼ cucharadas. El hecho de que los huevos sean ecológicos significa que las gallinas que los ponen no están enjauladas y tienen acceso al aire libre.

MANTEQUILLA: Cuando realice estas recetas, la mantequilla utilizada debe ser sin sal a menos que se indique lo contrario en la receta. Esto le permite controlar el nivel de sal en su cocina y personalizarlo a su gusto añadiendo tanta o tan poca sal como quiera. La mantequilla con sal también puede enmascarar otros sabores y, por lo tanto, minimizar el sabor del resto de los ingredientes.

SAL: Todas las recetas de este libro usan sal de mesa. Sus granos son más finos y uniformes que los de otros tipos de sal y esto permite que se distribuyan más uniformemente.

AZÚCAR: El azúcar blanco granulado es el que se utiliza en casi todas las recetas. Es el que produce los mejores resultados de cocción, ya que los cristales más grandes permiten que entre más aire en la mezcla, por lo tanto, se crea una textura más ligera cuando se hornea.

FRUTAS Y VERDURAS: Para las frutas y verduras que tienen diversos tamaños (por ejemplo, patatas, cebollas, zanahorias), por favor, asuma que son de tamaño medio a menos que en la receta se indique lo contrario.

DESAYUNO Y BRUNCH

SMOOTHIE TROPICAL

ZUMO VERDE REFRESCANTE

SMOOTHIE DE KALE Y BAYAS VARIADAS

GRANOLA CRUJIENTE DE KALE

PANCAKES VERDES DULCES

HUEVOS AL HORNO CON KALE Y GRUYER

MUFFINS DE KALE Y CHAMPIÑONES

PASTELITOS DE PATATA, KALE Y PIMIENTO ROJO

SHAKSHUKA CON KALE

CREP DE KALE

Receta en la página 45

SMOOTHIE TROPICAL

RACIONES	2
PREPARACIÓN	5 min

NECESITARÁ

225 ml de agua de coco fría

225 ml de leche de coco fría (o de su leche favorita)

140 g de kale, lavada y sin tallos

3 dátiles secos Medjool grandes, deshuesados

1 plátano maduro fresco o congelado

un puñado de cubitos de hielo (si usa fruta fresca)

165 g de trozos de piña fresca o congelada

½ cucharadita de canela molida

copos de coco, para decorar

EMPEZAR EL DÍA CON UN SMOOTHIE ES RÁPIDO, FÁCIL Y NUTRITIVO, ASÍ QUE ES BUENO TENER UNAS CUANTAS RECETAS EN LA MANGA. ESTE ES UNO DE NUESTROS FAVORITOS, AL QUE PUEDE RECURRIR UNA Y OTRA VEZ.

1 Mezcle el agua de coco, la leche de coco, la kale y los dátiles en un robot de cocina o en una licuadora de alta potencia. Licúe todo a la máxima velocidad hasta conseguir una mezcla completamente suave.

2 Añada el plátano, el hielo (si lo utiliza), la piña y la canela y continúe licuándolo todo hasta obtener una textura suave. Vierta la mezcla en unos vasos y decórelos con copos de coco.

ARRIBA Y EN MARCHA: Estos smoothies son fantásticos a primera hora del día o en cualquier momento después de hacer ejercicio para recuperarse.

LIBRE DE LÁCTEOS, GLUTEN Y TRIGO

VARIACIONES DEL SMOOTHIE TROPICAL

AÑADIR UNOS CUANTOS SABORES DIFERENTES A SU SMOOTHIE PUEDE TRANSFORMAR SU MAÑANA. TRANSPÓRTESE AL VERANO CON UNOS JUGOSOS MELOCOTONES, RECREE UNA ISLA PARADISÍACA EN UN VASO CON FRUTAS TROPICALES O CREE UN RICO Y EXQUISITO CAPRICHO DE CHOCOLATE... SIN DEJAR DE APORTAR NUTRIENTES SALUDABLES A SU CUERPO.

VG
SL
SG
ST

SMOOTHIE CREMOSO DE MELOCOTÓN

Empiece con los ingredientes básicos del smoothie, es decir, agua de coco, leche de coco, kale fresca, dátiles, plátano fresco o congelado y hielo. En lugar de la piña y la canela, añada 2 melocotones frescos deshuesados, medio aguacate y 40 g de orejones de albaricoque, y licúe todo hasta obtener una textura suave.

VG
SL
SG
ST

SMOOTHIE DE KALE, LIMA Y COCO

Añada 25 g de coco fresco rallado y el zumo y la raspadura de 2 limas grandes (reserve un poco de raspadura para decorar) a los ingredientes básicos del smoothie, es decir, agua de coco fría, leche de coco fría, kale fresca, dátiles, plátano fresco o congelado y hielo. Olvídese de la piña y la canela y licúe todo hasta obtener una textura suave. Para servir, decore el smoothie con copos de coco y raspadura de lima.

VG
SL
SG
ST

SMOOTHIE DOBLE DE CHOCOLATE

Empiece con los ingredientes básicos del smoothie, es decir, agua de coco fría, leche de coco, kale fresca, dátiles, plátano fresco o congelado y hielo. Sustituya la piña, la canela y la decoración de coco por 40 g de pepitas de chocolate negro vegano, 30 g de cacao en polvo (o proteína en polvo con sabor a chocolate), I cucharada de extracto puro de vainilla y una pizca de sal marina, y licúelo todo hasta obtener una textura suave.

COCO

El coco es un superalimento, rico en grasas buenas que tienen muchos efectos positivos en nuestra salud. El aumento de la energía y una mejor función cerebral son algunos de los beneficios del coco, cuyo aceite contiene triglicéridos de cadena media que ayudan a quemar grasa corporal y colesterol. Su versatilidad también es uno de sus beneficios: el aceite de coco puede utilizarse en smoothies, salteados y horneados. Fuera de la cocina, el aceite es un fantástico hidratante para la piel o el pelo.

ZUMO VERDE REFRESCANTE

RACIONES	4
PREPARACIÓN	15 min

NECESITARÁ

2 zanahorias

1 pepino grande

450 g de kale, lavada

2 dientes de ajo

2 limones, pelados y sin la corteza blanca

6 ramas de apio

un manojo de perejil fresco

un manojo de cilantro fresco

sal marina fina al gusto

EL SUAVE PEPINO Y EL APIO SACAN LO MEJOR DE LA KALE, MIENTRAS QUE EL LIMÓN Y LAS ESPECIAS AÑADEN LA CANTIDAD JUSTA DE BRILLO Y COMPLEJIDAD.

1 Pase los ingredientes por separado por la licuadora en el orden indicado. Esto maximizará sus beneficios. Mezcle todos los zumos hasta que queden bien combinados.

2 Divida el zumo en cuatro vasos y sírvalo inmediatamente.

VARIACIONES DEL ZUMO VERDE

ZUMO VERDE ASIÁTICO Sustituya los limones por limas y añada una pequeña porción de raíz de jengibre fresco. En lugar de sal, termine el zumo con un chorrito de tamari o de salsa de soja sin gluten.

ZUMO VERDE PICANTE Un chorrito de su salsa picante favorita complementará maravillosamente este zumo; también puede añadir un par de tomates a la licuadora para obtener una bebida inspirada en el gazpacho.

SMOOTHIE VERDE Para una bebida más sustanciosa, convierta este zumo en un smoothie añadiéndole aguacate. Los aguacates añaden consistencia y cremosidad tanto a los smoothies verdes salados como a los dulces. Su sabor suave combina bien con una gran variedad de ingredientes y su efecto sobre la textura es inigualable. En la licuadora tan solo debe mezclar 250 ml de zumo con la mitad de un aguacate deshuesado y luego servirlo.

LIBRE DE
LÁCTEOS, GLUTEN Y TRIGO

SMOOTHIE DE KALE Y BAYAS VARIADAS

RACIONES	4
PREPARACIÓN	15 min

NECESITARÁ

200 g de kale, lavada
y sin tallos

150 g de arándanos

150 g de frambuesas

100 g de almendras

300 ml de leche de
almendras

2-3 cucharadas de miel
al gusto

4 cubitos de hielo

PARA LA GUARNICIÓN CRUJIENTE

50 g de nueces

50 g de almendras
laminadas

50 g de coco fresco
rallado

25 g de pipas peladas
de girasol

25 g de semillas
de chía

LIBRE DE
LÁCTEOS, GLUTEN
Y TRIGO

AÑADA KALE FRESCA A LAS BAYAS VARIADAS, LICÚELAS PARA OBTENER UN SMOOTHIE ESPESO Y SÍRVALO EN UN CUENCO CON UNA GUARNICIÓN CRUJIENTE DE SEMILLAS Y FRUTOS SECOS PARA UN DESAYUNO O MERIENDA ENERGÉTICOS.

1 Para esta receta necesitará una licuadora o robot de cocina de alta potencia. Coloque todos los ingredientes del smoothie en la licuadora y mézclelos hasta obtener una textura suave; rectifique el espesor a su gusto añadiendo más cubitos de hielo. (Si la jarra de su licuadora es pequeña, puede que tenga que prepararlo en dos tandas).

2 Coloque todos los ingredientes de la guarnición en un robot de cocina (límpielo si lo ha usado para hacer el smoothie), tritúrelos lo justo para que queden troceados y todavía crujientes.

3 Para servirlo, vierta el smoothie en cuencos individuales y espolvoree la guarnición crujiente por encima.

DELICIOSO Y NUTRITIVO: Las verduras, además de añadir textura y fibra, cuentan como una de las cinco piezas que se recomiendan al día.

VARIACIONES DEL SMOOTHIE DE KALE
ESTAS FABULOSAS ALTERNATIVAS SIN DUDA LE AYUDARÁN A ESPABILARSE, CON MÁS FRUTAS, FRUTOS SECOS, SEMILLAS Y CEREALES, QUE SON PERFECTOS PARA LAS NECESIDADES DIARIAS DE SU SALUD.

(V)
(SG)
(ST)

SMOOTHIE DETOX TROPICAL

Este smoothie está repleto de yogur probiótico y la guarnición de coco le da un sabor todavía más tropical. Mezcle 200g de kale troceada con I piña pequeña cortada en dados para ayudar a la digestión, 600 ml de yogur natural probiótico, 25 g de raíz de jengibre fresco, I manzana sin corazón, 2 cucharadas de miel y un puñado de cubitos de hielo. Mezcle todo hasta obtener una textura suave y vierta el preparado en cuencos antes de espolvorear por encima I50 g de coco fresco tostado rallado. También puede utilizar yogures probióticos de frutas para conseguir más sabor a fruta: simplemente no debe añadir la miel.

(V)
(SG)
(ST)

SMOOTHIE DE PASTEL DE ZANAHORIA

¡Consiga un sabor a pastel de zanahoria en un smoothie sin rastro de grasa o harina! Mezcle los siguientes ingredientes hasta obtener una textura suave: 100 g de kale troceada, 4 zanahorias grandes troceadas, 4 plátanos grandes congelados, 600 ml de leche, 2 cucharaditas de canela molida y un puñado de cubitos de hielo. Vierta la mezcla en cuencos y decórela por encima con 100 g de nueces tostadas troceadas mezcladas con 2 cucharadas de coco deshidratado. Utilice leche de almendras, soja o coco para una versión sin lácteos.

(VG)
(SL)
(SG)
(ST)

SMOOTHIE DIOSA VERDE

Kale, uvas, manzanas y kiwis componen este vibrante smoothie verde, y una combinación de tres supersemillas añade un fabuloso y saludable crocante. Coloque en la licuadora 100 g de kale troceada, 100g de uvas verdes sin semillas, 2 manzanas verdes sin corazón y 4 kiwis troceados. Añada 300 ml de leche de almendras y un puñado de cubitos de hielo y licúe todos los ingredientes hasta obtener una textura suave. Sírvalo en cuencos y espolvoree por encima una mezcla de 50 g de semillas de sésamo tostado, 25 g de semillas de chía tostadas y 25 g de pipas de calabaza tostadas.

FRUTOS SECOS

Los frutos secos no solo tienen un sabor delicioso, sino que también son un ingrediente esencial en las recetas de repostería, además de ser fabulosos cuando se añaden a las ensaladas y otros platos salados. Tienen un alto contenido en fibra dietética y minerales como el potasio y el magnesio, además de ser ricos en calcio y proteínas. Espárzalos por encima de los postres, pancakes, gachas de avena y ensaladas para conseguir un impulso saludable extra, o añádalos a la repostería dulce, tanto tartas como pasteles, para un capricho de media tarde. Los frutos secos también son un placer cuando están fritos con miel o garrapiñados y se sirven como aperitivo junto con unos cócteles.

GRANOLA CRUJIENTE DE KALE

PARA	1 tarro grande
PREPARACIÓN	5 min
COCCIÓN	35-45 min

NECESITARÁ

300 g de copos de avena

200 g de kale, lavada, sin tallos y picada muy fina

30 g de nueces

20 g de coco fresco rallado

120 ml de aceite de oliva

60 ml de jarabe de arce

30 g de fruta deshidratada (pasas o cerezas son buenas opciones)

LA GRANOLA ES UN ALIMENTO BÁSICO QUE DEBE ESTAR EN CUALQUIER DESPENSA Y QUE COMBINA CON CUALQUIER DESAYUNO. LA KALE AÑADIDA A ESTA RECETA APORTA UNOS CUANTOS NUTRIENTES VEGETALES A SUS MAÑANAS.

1 Precaliente el horno a 100 °C. Forre una bandeja de horno con papel de aluminio.

2 Mezcle la avena, la kale, las nueces y el coco en un cuenco. Añada el aceite de oliva y amalgame todo, tratando de cubrir tanta mezcla como sea posible. Incorpore el jarabe de arce y mézclelo todo, intentando, de nuevo, cubrir tanta mezcla como sea posible.

3 Vierta y extienda la mezcla uniformemente en la bandeja de horno. Hornéela durante 35-40 minutos (los hornos difieren unos de otros, así que es mejor controlar la mezcla y removerla durante todo el tiempo de cocción para evitar que se queme).

4 Déjela enfriar y luego mézclela con la fruta deshidratada. Puede guardarla en un tarro hermético hasta 3 semanas.

LIBRE DE LÁCTEOS Y TRIGO

PANCAKES VERDES DULCES

PARA	18-20 pancakes
PREPARACIÓN	5 min
COCCIÓN	10 min

NECESITARÁ

3 cucharadas de semillas de lino, recién molidas

80 ml de agua caliente

70 g de kale

240 ml de leche de almendras con sabor a vainilla

130 g de harina blanca sin gluten

50 g de azúcar

1 cucharada de levadura química en polvo

su salsa para pancakes favorita, para servir

ESTA RECETA CREA UNOS VIBRANTES PANCAKES VERDES QUE CONTIENEN LA CANTIDAD JUSTA DE DULCE. UN SABOR «VERDE» MUY SUAVE LE RECUERDA QUE ESTÁ RECIBIENDO SUS VITAMINAS.

1 Mezcle las semillas de lino molidas con el agua y déjelas reposar durante 15 minutos hasta que se forme una gelatina (esto es el equivalente a 3 huevos).

2 Mientras tanto, limpie las hojas de kale bajo agua corriente, escurriéndolas a medida que las va lavando. Retire los tallos.

3 Coloque la kale, la gelatina de lino y la leche en un robot de cocina o una batidora y mézclelo todo hasta volverlo líquido.

4 Mezcle la harina, el azúcar y la levadura en polvo en un cuenco. Vierta la mezcla de kale en los ingredientes secos y bátalos hasta obtener una masa suave.

5 Para cada tortita, utilice unos 60 ml de masa, viértalos en una sartén a fuego lento (cocinar a fuego lento mantiene el luminoso color verde), dándole la vuelta a la tortita una vez esté cocinada y dorada por un lado. Mantenga los pancakes calientes mientras va haciendo los pancakes restantes.

SUGERENCIA DE PRESENTACIÓN: Estos pancakes son excelentes simplemente servidos con su mantequilla de frutos secos favorita, mantequilla láctea o margarina vegana.

LIBRE DE LÁCTEOS, GLUTEN Y TRIGO

HUEVOS AL HORNO CON KALE Y GRUYER

RACIONES	1
PREPARACIÓN	15 min
COCCIÓN	15-25 min

NECESITARÁ

2 cucharadas de aceite de oliva

50 g de kale, lavada, sin tallos y bastamente troceada

copos de chile (opcional)

2 huevos

50 g de queso gruyer o Comté rallado (cualquier cosa afilada servirá)

sal y pimienta negra recién molida

A MUCHAS PERSONAS NO SE LES OCURRIRÍA NUNCA QUE LA KALE SEA EL COMPLEMENTO PERFECTO PARA EL DESAYUNO, PERO COMBINA ESTUPENDAMENTE CON LOS HUEVOS Y EL TOFU REVUELTOS.

1 Precaliente el horno a 180 °C.

2 Caliente el aceite en una sartén a fuego medio durante 1 minuto. Añada la kale troceada a la sartén y saltéela durante 4-5 minutos, removiéndola de vez en cuando. Agregue una pizca de sal, pimienta negra recién molida y copos de chile, si los utiliza.

3 Cuando la kale esté salteada, póngala en un plato refractario individual. Rompa los huevos encima de la kale y espolvoree queso rallado sobre esta mezcla.

4 Hornéelo todo durante 20 minutos para conseguir una yema blanda o 25 minutos para una yema dura y sirva los huevos con más copos de chile espolvoreados, si lo desea.

LIBRE DE GLUTEN Y TRIGO

VARIACIONES DE LOS HUEVOS AL HORNO
SI NO TIENE TIEMPO PARA PREPARAR LOS HUEVOS AL HORNO, LOS HUEVOS REVUELTOS SON UN DESAYUNO RÁPIDO REPLETO DE PROTEÍNAS. PUEDE CREAR UNA VERSIÓN VEGANA IGUALMENTE LLENA DE PROTEÍNAS CON TOFU REVUELTO.

(V) (SG) (ST)

HUEVOS REVUELTOS CON KALE

Para un desayuno más sencillo y rápido, en lugar de hacer los huevos al horno, bata 8 huevos en un cuenco pequeño y luego añádalos a la kale salteada. Mézclelo todo hasta que los huevos estén cocinados y revueltos. Sírvalos con pimienta negra recién molida y queso si lo desea. Para 4 raciones.

(V) (SG) (ST)

REVUELTO DE TEXAS

Esta receta es igual de sencilla que la anterior, pero con algunos ingredientes más que le dan un toque texano. Caliente 2 cucharadas de aceite de oliva en una sartén a fuego medio durante I minuto. Añada 3-4 cebollas tiernas cortadas en daditos y remuévalas hasta que queden translúcidas. Agregue I pimiento sin semillas cortado en dados y la mitad de un chile jalapeño picado fino (si lo desea), y continúe removiendo todo durante otros 3-4 minutos. Añada a la sartén 400 g de kale lavada, sin tallos y troceada, y saltéela durante 4-5 minutos. Incorpore una pizca de sal y pimienta negra recién molida y I lata (400 g) de judías negras escurridas y enjuagadas, y continúe removiendo. Agregue una cucharadita de comino molido para darle más sabor. Mientras los ingredientes se cocinan, bata 8 huevos y 50 g de queso cheddar rallado en un cuenco. Viértalos en la sartén y mézclelo todo hasta que los huevos estén al punto. Sírvalos con cilantro fresco picado. Para 4 raciones.

(VG) (SL) (SG) (ST)

TOFU REVUELTO

Pruebe a hacer el revuelto con tofu para disponer de una alternativa vegana. Desmenuce con sus manos I paquete (500 g) de tofu escurrido en un cuenco mediano. Añada 20 g de levadura nutricional, I cucharada de curry en polvo y 2 cucharadas de tamari o salsa de soja y mézclelo. Caliente 2 cucharadas de aceite de oliva en una sartén a fuego medio. Agregue I cebolla tierna cortada en daditos y remueva todo durante 2-3 minutos hasta que quede translúcida. Incorpore 400 g de kale lavada, sin tallos y troceada y saltéela durante 4-5 minutos. Añada la mezcla de tofu y cocínelo todo durante otros 10 minutos. Sírvalo con una pizca de sal y de pimienta negra recién molida si lo desea. Para 2-3 raciones.

HUEVOS

Los huevos son esenciales en la cocina de un vegetariano y son un ingrediente proteico completo; poseen una gran cantidad de vitaminas como la B_1, B_2, B_3, B_5, B_6, B_{12} y colina. También son ricos en ácido fólico, y constituyen el paquete perfecto de nutrientes creado por la naturaleza. Revueltos, hervidos, fritos o escalfados, son uno de los ingredientes más prácticos para preparar fácilmente un desayuno repleto de proteínas, además de ser necesarios en las recetas de pasteles y repostería.

MUFFINS DE KALE Y CHAMPIÑONES

PARA	12 muffins
PREPARACIÓN	15 min
COCCIÓN	20 min

NECESITARÁ

aceite de oliva en spray, para engrasar

2 cucharadas de aceite de oliva

1 cebolla, cortada en daditos

200 g de champiñones frescos, limpios, podados y laminados

200 g de kale, troceada

4 huevos, batidos con 4 cucharadas de leche

50 g de queso parmesano vegetariano rallado, y un poco más para espolvorear

2 cucharadas de albahaca fresca, bastamente troceada

sal y pimienta negra recién molida

chutney, para servir

ESTOS MUFFINS SIN GLUTEN ESTÁN REPLETOS DE VERDURAS Y SABOR; TÓMELOS CALIENTES PARA EL DESAYUNO O EL BRUNCH, O DEJE QUE SE ENFRÍEN Y LLÉVESELOS PARA MERENDAR.

1 Precaliente el horno a 200 °C y engrase con el aceite en spray un molde para 12 muffins.

2 Caliente el aceite de oliva en una sartén grande y añada la cebolla. Fríala durante 5 minutos antes de incorporar los champiñones; siga friéndolo todo 3-4 minutos más, hasta que estos se reblandezcan, a continuación añada la kale y cocínelo durante 5 minutos más.

3 Ponga las verduras cocinadas en un cuenco grande y sazónelas a su gusto con sal y pimienta negra recién molida. Añada los huevos, el queso y la albahaca y mézclelo todo para obtener una masa.

4 Vierta la masa en el molde para muffins, espolvoree un poco de parmesano por encima y hornéelos durante 20 minutos hasta que suban, estén dorados y esponjosos.

5 Espere a que los muffins se enfríen ligeramente antes de desmoldarlos y luego deje que se enfríen por completo sobre una rejilla para enfriar.

6 Sírvalos calientes con chutney o tomates a la plancha para desayunar, o fríos con una ensalada para una comida ligera o para picar algo.

LIBRE DE GLUTEN Y TRIGO

PASTELITOS DE PATATA, KALE Y PIMIENTO ROJO

RACIONES	4
PREPARACIÓN	40 min
COCCIÓN	15 min

NECESITARÁ

750 g de patatas,
  peladas y cortadas
  en daditos

1 pimiento rojo, sin
  semillas y cortado en
  dados muy pequeños

150 g de kale, triturada

aceite de oliva en spray

1 huevo, batido

4 cucharadas de
  requesón

2 cucharadas de harina
  blanca, para recubrir

sal y pimienta negra
  recién molida

crema agria y pimentón
  ahumado, para servir

ESTOS DELICIOSOS PASTELITOS DE PATATA Y KALE CON PIMIENTO ROJO Y REQUESÓN SON BAJOS EN GRASAS PERO ALTOS EN PROTEÍNAS. SON EL DESAYUNO IDEAL PARA MANTENERSE ACTIVO HASTA EL MEDIODÍA.

1 Hierva las patatas en un cazo con agua hasta que se ablanden y, a continuación, escúrralas y aplástelas hasta obtener un puré suave.

2 Fría el pimiento y la kale en un wok grande engrasado con aceite en spray hasta que ambos estén blandos.

3 Añada el pimiento y la kale al puré de patatas y mézclelos bien. Sazone todo a su gusto con sal y pimienta, añada el huevo batido y el requesón, y mézclelo todo bien. Ponga la mezcla en el frigorífico y déjela enfriar 30 minutos (o durante la noche).

4 Cuando desee cocinar los pastelitos de patata, caliente una sartén grande y engrásela con aceite. Divida la masa en bolas, aplánelas ligeramente y espolvoree harina por encima.

5 Fría los pastelitos a fuego lento durante 3-4 minutos por cada lado hasta que estén dorados y crujientes. Sírvalos inmediatamente con una cucharada de crema agria y pimentón ahumado espolvoreado por encima. Para un desayuno abundante no vegetariano, sírvalos con huevos fritos y beicon a la plancha.

VARIACIONES DE LOS PASTELITOS DE PATATA

TRES IDEAS MÁS PARA ESTOS SABROSOS PASTELITOS, CON MÁS INGREDIENTES Y DIFERENTES SUGERENCIAS DE PRESENTACIÓN PARA ADAPTARSE A TODOS LOS GUSTOS DE LA FAMILIA, ASÍ COMO A LAS NECESIDADES ALIMENTICIAS ESPECIALES.

PASTELITOS DE PATATA Y KALE CON JAMÓN Y QUESO

Para los que deseen un pastelito de patata con mayor contenido en proteínas, esta receta les proporcionará el desayuno perfecto. En lugar de pimiento, añada 100 g de jamón cocido troceado y reemplace el requesón por 100 g de queso cheddar rallado. Haga los pastelitos como antes, y añada el jamón troceado y el queso al puré de patatas, el huevo batido y la kale cocinada. Sazónelos a su gusto con sal y pimienta negra recién molida. Sirva con kétchup casero y champiñones fritos.

PASTELITOS DE PATATA VEGETALES

Estos pastelitos de patata sirven para aprovechar los restos de verduras de la comida o la cena del día anterior. Corte en dados muy pequeños cualquier verdura que tenga a mano, como repollo, zanahorias, coles, acelgas, brócoli y guisantes. Triture los restos de patatas que tenga; si no hay suficientes, hierva algunas más para obtener aproximadamente 600g de puré. Añada todas las verduras cortadas, incluidos 50-75 g de kale cocinada, al puré de patatas, más 1 huevo batido y mucha pimienta negra recién molida. Divida y fría la masa tal como se ha explicado antes. Sírvalos con un huevo escalfado, tomates y champiñones fritos para conseguir un desayuno o brunch completamente vegetariano.

PASTELITOS DE PATATA Y KALE CON CHAMPIÑONES

Dé un sabroso giro a la tradicional tostada con champiñones por encima y sirva unos champiñones fritos con ajo encima de los pastelitos crujientes de patata y kale para obtener un relajado brunch de fin de semana. Haga los pastelitos de patata y kale siguiendo la receta principal, pero sírvalos con 250 g de champiñones laminados y fritos en 4 cucharadas de mantequilla con 4 dientes de ajo picados finos. Coloque los champiñones con ajo encima de los pastelitos de patata y decórelos con una rodaja de limón y perejil fresco picado. También puede servirlos con beicon o salchichas a la plancha para una versión no vegetariana.

SHAKSHUKA CON KALE

RACIONES	3
PREPARACIÓN	10 min
COCCIÓN	35-45 min

NECESITARÁ

60 ml de aceite de oliva

1 cebolla, cortada en daditos

1 pimiento rojo, sin semillas y cortado en daditos

1 cucharadita de sal marina fina

6 dientes de ajo, picados

1 cucharadita de comino en polvo

1 ½ cucharaditas de paprika (pimentón dulce de Hungría)

¼ de cucharadita de copos de chile

1 lata (800 g) de tomate troceado

12 hojas de kale cavolo nero, lavadas, sin tallos y troceadas finamente

6 huevos

pimienta negra recién molida

tostadas, para servir

(imagen en la página 21)

LIBRE DE
GLUTEN Y TRIGO

EL SHAKSHUKA PUEDE PARECER PARA UN BRUNCH, PERO TIENE UN SECRETO: ES EN REALIDAD UNA DE LAS COMIDAS CASERAS DE MAYOR CALIDAD DE TODO EL MUNDO, DE ORIGEN NORTEAFRICANO. ESTA INTERPRETACIÓN ES SIMPLE, BASTANTE RÁPIDA DE PREPARAR Y NO DEMASIADO PICANTE.

1 Caliente el aceite de oliva en una sartén grande a fuego medio-alto. Añada la cebolla, el pimiento y una pizca de sal y cocínelos durante 5-10 minutos, removiéndolos de vez en cuando, hasta que se ablanden.

2 Añada los ajos, el comino, la paprika y los copos de chile y cocínelos durante 2 minutos más, removiendo la mezcla frecuentemente, hasta que las especias se tuesten y desprendan su aroma.

3 Incorpore el tomate, la kale, el resto de sal y bastante pimienta negra recién molida y remuévalo todo junto. Cocínelo a fuego lento durante 15 minutos, hasta que la salsa se espese un poco y la kale quede tierna. Retírelo del fuego.

4 Haga un pequeño hueco en la salsa para cada uno de los huevos y, a continuación, rómpalos en la sartén. Tápela y cocínelos durante unos 10 minutos, hasta que las claras estén hechas y las yemas todavía estén líquidas (o hasta que los huevos alcancen la consistencia deseada). Sírvalo con tostadas.

PERSONALICE SU SHAKSHUKA

■ Añada tanto picante como desee aumentando la cantidad de copos de chile o añadiendo un chile picado cuando saltee la cebolla y el pimiento.

■ También puede incorporar queso feta a este plato para obtener una textura y un sabor más cremosos. Solo tiene que añadir 115 g de feta desmenuzado a la salsa antes de añadir los huevos. Espolvoree perejil fresco picado por encima antes de servir el plato.

■ Para aumentar el número de comensales de este plato, utilice una sartén muy grande y añada un par de huevos más.

CREP DE KALE

RACIONES	1
PREPARACIÓN	15 min
COCCIÓN	20 min

NECESITARÁ

1 cucharada de aceite de oliva

50 g de kale, lavada, sin tallos y troceada finamente

1 crep de trigo sarraceno (comprado en tienda)

50 g de queso rallado (emmental para un sabor más suave, gruyer para un sabor más intenso)

sal y pimienta negra recién molida

LIBRE DE GLUTEN Y TRIGO

ESTA RECETA LE DA UN TOQUE VERDE A UNA ESPECIALIDAD FRANCESA. LA KALE ES UN AÑADIDO VEGETAL Y SALUDABLE A UN CREP QUE POR SÍ MISMO YA ES DELICIOSO.

1 Caliente el aceite de oliva en una sartén a fuego medio y saltee la kale con una pizca de sal y pimienta. Resérvela.

2 Caliente otra sartén a fuego medio. Coloque el crep en la sartén, incorpore el queso rallado y la kale salteada, y luego añada otra pizca de pimienta recién molida.

3 Cuando el queso se haya derretido, coloque el crep en un plato y doble los bordes; a continuación, sírvalo.

HAGA SU PROPIO CREP DE TRIGO SARRACENO

SI NO PUEDE ENCONTRAR CREPS EN UNA TIENDA CERCANA, INTENTE HACER UNO POR SÍ MISMO.

1 Bata 240 g de harina de trigo sarraceno, 1 huevo, 120 ml de leche, 175 ml de agua y una pizca de sal. Añada los líquidos lentamente de manera que la mezcla no se llene de grumos: el objetivo es conseguir una masa suave y húmeda, como el chocolate derretido.

2 Enfríe la masa durante unas horas en el frigorífico, a continuación, bátala de nuevo e incorpore más agua si es necesario diluirla.

3 Caliente una sartén y luego añada una nuez de mantequilla. Fría cucharadas de la mezcla durante unos minutos por ambos lados, hasta que queden doradas.

VARIACIONES DEL CREP DE KALE
HAY MUCHOS TIPOS DIFERENTES DE CREPS, AQUÍ TIENE ALGUNAS VARIACIONES DIVERTIDAS PARA PROBAR. ¡NO SE OLVIDE DE DISFRUTAR DE SU CREP CON UN VASO DE SIDRA SECA TRADICIONAL!

(V) (SG) (ST)

CREP DE KALE Y HUEVO
Mientras la mezcla de kale y queso se esté cocinando, rompa un huevo encima y deje que se cueza. Sirva la crep con el huevo frito y la yema líquida.

(V) (SG) (ST)

CREP DE CEBOLLA, PATATA Y CREMA AGRIA
Esta variación solo incluye la kale salteada pero añade un toque delicioso. Pele y corte en láminas finas 2 patatas pequeñas, luego cocínelas al vapor en un cazo con I cucharada de aceite de oliva y agua hirviendo durante 5-7 minutos. Cuando las patatas estén cocinadas (debe ser capaz de atravesarlas con un cuchillo, aunque no deben estar demasiado hechas), escúrralas y póngalas en una sartén. Añada I cucharada de aceite de oliva y I-2 chalotas cortadas en rodajas finas y cocínelo todo durante otros 5-7 minutos. Incorpore la kale como en la receta principal y continúe salteándolo todo hasta que la kale esté ligeramente cocinada. Caliente otra sartén a fuego medio y coloque en ella el crep. Añada la mezcla de patata y kale, y luego espolvoree por encima una pizca de pimienta negra recién molida. Cuando el crep esté caliente, añada 2-3 cucharadas de crema agria y déjelo cocinar durante otros 2 minutos. Coloque el crep en un plato y doble los bordes en forma de hexágono.

(SG) (ST)

CREP DE KALE Y JAMÓN
Para esta variación, puede añadir jamón, beicon o chicharrones al crep. Cocine la carne por separado y añádala al final.

TRIGO SARRACENO

El trigo sarraceno, que tiene sus orígenes en la familia del ruibarbo, es uno de los principales ingredientes sin gluten. También contiene mucha fibra y magnesio y, en algunos estudios, se le ha relacionado con la reducción del colesterol y de la presión arterial. El trigo sarraceno se utiliza a menudo para hacer productos horneados, pero también se puede utilizar en sopas o guisos, como cereal para las ensaladas o como una alternativa sustanciosa a las gachas.

SNACKS, APERITIVOS Y BEBIDAS

CHIPS DE KALE AL PESTO ALFREDO

GUA-KALE-MOLE

DIP DE KALE Y ALCACHOFAS AL HORNO

ROLLITOS DE JENGIBRE, SHIITAKE Y AGUACATE

DUMPLINGS DE KALE Y SHIITAKE

TORTILLA DE KALE Y CHORIZO

FALAFEL DE BABY KALE CON HUMMUS VERDE

BUÑUELOS DE KALE, MAÍZ Y PUERRO

MOLINILLOS DE KALE Y ALCACHOFA

DOLMADES DE KALE

«KALESADILLAS»

MARGARITA DE KALE Y PEPINO

DIRTY KALE MARTINI

Receta en la página 52

CHIPS DE KALE AL PESTO ALFREDO

RACIONES	4
PREPARACIÓN	10 min, más el tiempo de remojo
COCCIÓN	1 h 30 min

NECESITARÁ

130 g de anacardos crudos, en remojo durante varias horas

120 ml de agua, y un poco más para diluir

20 g de albahaca fresca

2 dientes de ajo, picados

1 cucharada de zumo de limón recién exprimido

420 g de kale, lavada y sin tallos

(imagen en la página 51)

LAS CHIPS DE KALE SON UNA EXCELENTE ALTERNATIVA SALUDABLE A LAS PATATAS FRITAS. EN ESTA RECETA, LOS SABORES CLÁSICOS DE ALFREDO APORTAN UN TOQUE ITALIANO A ESTE APERITIVO DELICIOSO Y FÁCIL DE PREPARAR.

1 Precaliente el horno a 110 °C. Forre una bandeja de horno con papel sulfurizado. Si tiene una rejilla para enfriar, colóquela sobre la bandeja del horno para ayudar al proceso de secado.

2 Ponga los anacardos remojados y el agua en un robot de cocina o una batidora y mézclelos a la máxima potencia hasta obtener una textura suave.

3 Añada la albahaca, los ajos, el zumo de limón y la sal, y bátalos otra vez hasta obtener una textura suave. Páselo a un cuenco grande.

4 Trocee la kale en trozos del tamaño de una chip. Póngala en un cuenco con el pesto Alfredo y, con sus manos, masajee la kale con la salsa, recubriendo cada trozo por completo.

5 Coloque la kale en una sola capa sobre la bandeja de horno o la rejilla. Hornéela durante 45 minutos. Retire la bandeja del horno, dé la vuelta a la kale y hornee durante 25-30 minutos más, o hasta que las chips estén hechas.

HE AQUÍ UN SECRETO: Este pesto Alfredo de kale (sin cocinar) también es bueno para una ensalada de tomates frescos mezclada con pasta recién hecha.

LIBRE DE LÁCTEOS, GLUTEN Y TRIGO

VARIACIONES DE LAS CHIPS DE KALE

PRUEBE ALGUNA DE ESTAS COMBINACIONES DE SABORES PARA ENCONTRAR SU IDEAL. LA SALSA DULCE Y PICANTE TAILANDESA TAMBIÉN PUEDE USARSE PARA LOS NOODLES O PARA LOS DUMPLINGS (VÉASE PÁGINA 62).

(VG) (SL) (SG) (ST)

CHIPS DE KALE AL ESTILO TAILANDÉS

Con el robot de cocina o la batidora, mezcle a la máxima potencia 100 g de azúcar, 60 ml de vinagre de arroz, 60 ml de agua de coco, 2 dientes de ajo, 1 cucharada de copos de chile y ½ cucharadita de sal hasta obtener una textura suave. Cubra la kale con la mezcla y cocínelos como en la receta principal.

(VG) (SL) (SG) (ST)

CHIPS DE KALE AL MISO Y SÉSAMO

Con el robot de cocina o la batidora, mezcle a la máxima potencia 60 ml de pasta de miso, 1-2 cucharadas de aceite de oliva, el zumo de 2 limones y 1 cebolla tierna picada hasta obtener una textura suave. Cubra los trozos de kale con esta mezcla, espolvoree sésamo por encima y cocínelos como en la receta principal.

(VG) (SL) (SG) (ST)

CHIPS DE KALE CON SAL Y VINAGRE

Bata 60 ml de vinagre blanco o de jerez con 2 cucharadas de aceite de oliva en un cuenco. Eche los trozos de kale en la mezcla hasta cubrirlos por completo. Espolvoree sal marina por encima y, a continuación, cocínelos como en la receta principal.

GUA-KALE-MOLE

RACIONES	4
PREPARACIÓN	15 min

NECESITARÁ

2 aguacates, pelados y deshuesados

1 o 2 limas

1 cucharadita de sal marina

1 cucharada de salsa Worcester

50 g de kale, lavada, sin tallos y troceada finamente

½ cebolla roja, cortada en dados muy pequeños

200 g de tomate cherry, en dados pequeños

20 g de cilantro fresco, lavado y troceado finamente

nachos, para servir

ESTE KALE-LICIOSO GUACAMOLE ESTÁ REPLETO DE UN ENERGÉTICO ZUMO DE LIMA. COMBINA BIEN CON LOS NACHOS O INCLUSO UNTADO SOBRE UNA TOSTADA COMO TENTEMPIÉ DE MEDIA MAÑANA O MEDIA TARDE.

1 Ponga la pulpa del aguacate en un cuenco y utilice un tenedor para mezclarla y aplastarla hasta conseguir una consistencia espesa y cremosa. Exprima el zumo de ½ lima (o de 1 lima, en función de cómo sean de jugosas) en el cuenco. Añada ¼ de cucharadita de sal y la salsa Worcester, y mézclelo todo. Deje que la mezcla se asiente.

2 Ponga la kale troceada en otro cuenco. Exprima el zumo de otra ½ lima (o 1 lima, en función de cómo sean de jugosas) sobre la kale. Incorpore ¼ de cucharadita de sal y masajee la kale, el zumo de lima y la sal con sus manos durante 20-30 segundos; reserve.

3 Añada los ingredientes restantes al aguacate junto con la mezcla de kale. Añada zumo de lima y la ½ cucharadita de sal marina, pruebe el resultado y añada un poco más de zumo de lima o de sal si es necesario.

LIBRE DE LÁCTEOS Y TRIGO

DIP DE KALE Y ALCACHOFAS AL HORNO

RACIONES	12
PREPARACIÓN	10 min, más el tiempo de descongelar
COCCIÓN	30 min

NECESITARÁ

250 g de kale congelada troceada, descongelada

250 g de alcachofas congeladas, descongeladas

2 chalotas, picadas

2 dientes de ajo, picados

225 g de crema de queso, a temperatura ambiente

280 g de crema agria

1 cucharada de zumo de limón recién exprimido

1 cucharadita de tomillo fresco picado

una pizca de copos de chile

1 cucharadita de sal marina fina

40 g de queso parmesano vegetariano rallado

50 g de panko o pan rallado

1 cucharada de aceite de oliva

pimienta negra recién molida

verduras, tostadas, bagels o nachos, para servir

ESTA ES UNA VERSIÓN DE UN CLÁSICO QUE LE GUSTA A TODO EL MUNDO, LLENO DE DELICIOSA Y NUTRITIVA KALE.

1 Precaliente el horno a 190 °C.

2 Escurra cualquier líquido de la kale y las alcachofas. Ponga la kale, las alcachofas, las chalotas, los ajos, la crema de queso, la crema agria, el zumo de limón, el tomillo, los copos de chile, la sal, un poco de pimienta negra recién molida y la mitad del parmesano en un robot de cocina con cuchilla. Mézclelo bien y luego póngalo en una cazuela de 400 ml.

3 Eche el pan rallado, el resto del parmesano y el aceite de oliva en un cuenco pequeño y luego distribuya la mezcla uniformemente encima del dip. Hornee durante 30 minutos en el centro del horno, hasta que el dip esté caliente y burbujeante y el pan rallado quede bien tostado.

4 Déjelo enfriar un poco antes de servirlo con las verduras cortadas, pequeñas tostadas en forma de triángulo o pan de pita, bagels o nachos.

FÁCIL Y SENCILLO: La kale congelada es mejor para esta receta, no solo por el precio y la comodidad, sino porque la congelación y la posterior descongelación ablanda la kale lo suficiente, de manera que no hay necesidad de cocinarla con antelación. Si prefiere utilizar kale fresca, no congelada, hiérvala o cocínela al vapor hasta que quede tierna antes de empezar con la receta.

ROLLITOS DE JENGIBRE, SHIITAKE Y AGUACATE

NECESITARÁ

PARA 6 rollitos

PREPARACIÓN 15 min

- 6 hojas grandes de kale fresca, lavadas, sin tallos y troceadas
- 3 cucharadas de tahini
- 6 papeles de arroz para rollitos
- 1 aguacate, pelado, deshuesado y cortado en láminas finas
- 6 shiitakes grandes frescos, laminados
- 1 cm de raíz de jengibre fresco, picado
- salsa de soja sin gluten, para mojar

ESTE PLATO ES SABROSO Y FRESCO, Y ACOMPAÑADO DE UNA ENSALADA ES PERFECTO PARA UNA CENA O UNA COMIDA LIGERA EN UN DÍA CALUROSO Y SOLEADO.

1 Primero, asegúrese de que tiene un plato grande o una superficie para rellenar y enrollar los rollitos y los ingredientes preparados para empezar. Después, mezcle la tahini con la kale, asegurándose de que esta quede recubierta uniformemente.

2 Rehidrate los papeles de arroz sosteniendo cada papel bajo agua corriente fría, humedeciendo ambos lados.

3 Vaya retirándolos del agua y, mientras sigan firmes, coloque los papeles en un plato y empiece a rellenarlos. El papel de arroz se ablandará mientras se asienta, pero no tanto como para pegarse a la superficie o rasgarse al manipularlo.

4 Coloque una sexta parte de la kale recubierta de tahini en una fila larga justo fuera del centro del papel de arroz. Añada 2-3 láminas de aguacate encima de la kale e incorpore unas láminas de shiitake al lado de este. Coloque encima el jengibre fresco picado.

5 Enrolle el papel de arroz como un burrito: pliegue hacia dentro y encima del relleno los lados cortos, luego doble uno de los lados largos encima del relleno y enrolle el rollito, remeta los extremos, vuelva a enrollarlo y remeta los extremos hacia dentro, hasta que el relleno esté completamente cerrado.

LIBRE DE
LÁCTEOS, GLUTEN Y TRIGO

VARIACIONES DEL ROLLITO

ESTAS CRUJIENTES Y COLORIDAS VARIACIONES ESTÁN REPLETAS DE PROTEÍNAS ESENCIALES Y VERDURAS. ¡LOS ROLLITOS PICANTES DE PRIMAVERA DE NOODLES CON CACAHUETE INCLUYEN SU SABOR DE NOODLES FAVORITO EN UNA COMIDA PARA LLEVAR!

(VG) (SL) (SG) (ST)

ROLLITOS PICANTES DE PRIMAVERA DE NOODLES CON CACAHUETE

Mezcle en un cuenco 3 cucharadas de mantequilla de cacahuete, 55 g de cacahuetes picados y I cucharada de salsa picante con I paquete (80 g) de noodles de arroz. Prepare los rollitos como en la página 58, añadiendo la kale, el aguacate y los shiitakes, y luego incorpore parte de la mezcla de noodles antes de enrollarlos del todo.

(VG) (SL) (SG) (ST)

ROLLITOS DE PRIMAVERA CRUJIENTES CON ANACARDOS

Prepare los rollitos como en la página 58, añadiendo la kale, el aguacate y los shiitakes. Antes de enrollarlos, divida uniformemente entre los rollitos 55 g de anacardos picados, I pimiento amarillo sin semillas y cortado en rodajas y 2 cucharadas de semillas de sésamo negro.

(VG) (SL) (SG) (ST)

ROLLITO PICANTE ARCO IRIS

Prepare los rollitos como en la página 58, añadiendo la kale, el aguacate y los shiitakes. Divida uniformemente entre los rollitos media zanahoria en juliana, I pimiento rojo sin semillas y en rodajas y 50 g de edamame cocinado al vapor. Rocíe un poco de salsa picante por encima antes de enrollarlos.

SHIITAKE

Los shiitakes son unas setas completas, sustanciosas e increíblemente sabrosas. Pueden sustituir fácilmente a la carne en una receta salada y son mucho más bajas en calorías que una alternativa animal. Son bajas en sodio y sin gluten, además de ser ricas en antioxidantes saludables, vitamina B y potasio. Y lo que es más importante, como los shiitakes son de origen vegetal, ¡también son bajos en colesterol! Son una opción muy versátil.

DUMPLINGS DE KALE Y SHIITAKE

PARA	20-25 dumplings
PREPARACIÓN	30 min, más el tiempo de escurrir
COCCIÓN	25 min

NECESITARÁ

115 g de kale, lavada, sin tallos y en juliana

1 cucharada de sal

aceite de cacahuete o de girasol, para freír

175 g de shiitakes, cortados en daditos

1 cebolla tierna, en rodajas finas

2 cucharaditas de raíz de jengibre fresco, picado

1 diente de ajo, picado

1 cucharada de vinagre de arroz negro

2 cucharaditas de salsa de soja oscura

1 cucharadita de aceite de sésamo

1 cucharadita de maicena

1 cucharadita de levadura química en polvo

20-25 envoltorios para gyozas (página 64)

85 ml de agua

sal y pimienta negra recién molida

(continúa)

LIBRE DE LÁCTEOS

LOS DUMPLINGS, MUY POPULARES EN LA COCINA ASIÁTICA, SE FRÍEN Y SE COCINAN AL VAPOR EN LA MISMA SARTÉN, Y ASÍ GANAN UN BORDE CRUJIENTE EN EL PROCESO.

1 Coloque la kale en un escurridor. Espolvoree sal por encima y remuévala un par de veces para recubrirla. Ponga un plato encima de la kale para aplastarla un poco y déjela escurrir en el fregadero durante 30 minutos. Enjuáguela con agua fría.

2 Caliente un poco de aceite de cacahuete o de girasol en una sartén. Añada los shiitakes y fríalos a fuego medio durante 3-4 minutos hasta que se doren un poco y cualquier exceso de líquido se haya evaporado.

3 Incorpore la kale a la sartén. Cocínelo y remuévalo todo durante 3-4 minutos hasta que la kale se ablande un poco. Ponga la kale y los shiitakes en un colador y presione con la parte trasera de una cuchara para sacar cualquier exceso de agua. Pase ambas a un cuenco y sazónelas con una buena pizca de sal y pimienta.

4 Incorpore la cebolla tierna, el jengibre, el ajo, el vinagre de arroz negro, la salsa de soja, el aceite de sésamo, la maicena y la levadura a los shiitakes y la kale. Remuévalo todo para que quede bien mezclado.

5 Sostenga un envoltorio para gyozas en la palma de su mano izquierda. Añada I cucharadita de relleno en el centro del mismo. Doble el envoltorio de manera que los bordes queden alineados en forma de media luna y pellizque los dos lados juntos de la esquina derecha. Use sus dedos índice y pulgar derechos para hacer un pliegue en la parte superior del envoltorio y luego presione el pliegue hacia abajo para que no se abra. Repita el proceso a ambos lados del primer pliegue hasta terminar de cerrar la parte superior del dumpling y obtener un cierre en forma de cresta (si es zurdo, simplemente sostenga el envoltorio en la palma de su mano derecha). Repita el proceso con el resto de los envoltorios y del relleno.

(continúa)

3 cucharadas de salsa de soja ligera

1 cucharada de vinagre de arroz negro

2-3 cucharadas de aceite de chile

una pizca de azúcar

6 Caliente una sartén grande de base gruesa a fuego medio hasta que esté muy caliente. Añada 1-2 cucharadas de aceite de cacahuete o girasol y los dumplings. (Si su sartén no es lo suficientemente grande, cocínelos por tandas). Baje el fuego y fría los dumplings durante 2-3 minutos hasta que las bases estén doradas. Añada el agua a la sartén, tápela y hiérvalos a fuego lento durante 10-12 minutos hasta que el agua se haya evaporado y los dumplings estén completamente cocinados.

7 Mezcle los ingredientes de la salsa y viértalos en un cuenco. Sirva la salsa con los dumplings calientes.

INTERCAMBIAR INGREDIENTES

El vinagre de arroz negro tiene un sabor intenso y ahumado que combina con la terrosidad de los shiitakes. Si no puede encontrarlo, puede usar el vinagre de arroz corriente.

HAGA SUS PROPIOS ENVOLTORIOS

HACER SUS PROPIOS ENVOLTORIOS ES MUY FÁCIL: SOLO CONLLEVA UNOS MINUTOS DE AMASAR Y ALISAR. UNA VEZ HAYA PROBADO UNOS DUMPLINGS HECHOS CON MASA FRESCA, LE SERÁ DIFÍCIL VOLVER A COMPRARLOS EN TIENDA.

1 Tamice 155 g de harina blanca en un cuenco grande. Vierta lentamente 60 ml de agua caliente, mezclándola con la harina mediante un tenedor o unos palillos hasta obtener una masa gruesa. Coloque la masa en la superficie de trabajo y amásela durante 5-8 minutos hasta que quede suave; intente no añadir más harina, solo debe amasarla hasta que se unifique. Vuelva a poner la masa en el cuenco, cúbralo con un paño limpio y húmedo y déjela reposar durante 20 minutos mientras prepara el relleno.

2 Saque la masa del cuenco y vuélvala a amasar durante 5 minutos hasta que quede suave. Dele forma de churro, de unos 2,5 cm de ancho. Corte el churro en 20 rodajas. Utilice un rodillo para alisar cada rodaja y obtener un pancake de unos 7,5-10 cm de ancho. Cuando estén todos alisados, colóquelos en una bandeja y cúbralos con un paño limpio y húmedo para que no se sequen mientras los rellena y los sella.

LIBRE DE LÁCTEOS

VARIACIONES DE LOS DUMPLINGS
UNA VEZ DOMINE EL ARTE DE DAR FORMA A LOS DUMPLINGS, PRUEBE ALGUNOS RELLENOS DIFERENTES.

DUMPLINGS DE CERDO Y KALE
Reemplace los shiitakes por 175 g de carne de cerdo picada. Después de salar la kale, ablandarla en una sartén y escurrirla, mezcle todos los ingredientes del relleno y cocine los dumplings como en la receta principal.

DUMPLINGS DE GAMBAS Y KALE
Limpie y corte en daditos 175 g de gambas cocinadas. Añádalas a la mezcla del relleno de los dumplings con 1 cucharada de salsa de ostras. Rellene y cocine los dumplings como en la receta principal.

TORTILLA DE KALE Y CHORIZO

RACIONES	8
PREPARACIÓN	15 min
COCCIÓN	30 min

NECESITARÁ

500 g de patatas, peladas

125 g de chorizo, en rodajas

2 cucharadas de aceite de oliva, y un poco más para engrasar

1 cebolla grande, cortada bastamente en dados

4 dientes de ajo, picados finamente

200 g de kale, lavada, sin tallos y troceada bastamente

8 huevos, batidos

1 cucharadita de pimentón ahumado

sal y pimienta negra

salsa o ensalada, para servir

ESTA SABROSA TORTILLA DE ESTILO ESPAÑOL ESTÁ HORNEADA PARA FACILITARLE LA PREPARACIÓN. CORTADA EN CUBITOS, ES PERFECTA COMO UN APERITIVO PARA MUCHA GENTE.

1 Precaliente el horno a 200 °C. Engrase con aceite de oliva una bandeja de horno rectangular y grande.

2 Hierva las patatas hasta que se ablanden, escúrralas y deje que se enfríen antes de cortarlas en trozos de 2,5 cm.

3 Fría el chorizo en una sartén grande hasta que la grasa empiece a deshacerse y se dore. Retírelo de la sartén y escúrralo en papel de cocina.

4 En la misma sartén, añada aceite de oliva y fría la cebolla y los ajos hasta que se ablanden. Incorpore la kale y continúe cocinándola hasta que también se ablande.

5 En un cuenco grande, mezcle las patatas, el chorizo, la cebolla, los ajos y la kale, sazone todo a su gusto con sal y pimienta negra y ponga la mezcla en la bandeja de horno preparada.

6 Añada el pimentón ahumado a los huevos batidos y viértalos encima de la mezcla anterior. Hornee todo durante 25-30 minutos hasta que la tortilla se asiente y se haya hinchado. Déjela enfriar en la bandeja de horno.

7 Para servirla como aperitivo o en un buffet, córtela en triángulos o cubitos y ofrezca unos palillos largos para pinchar la tortilla y así poderla mojar en salsa. Para servirla como plato, córtela en trozos más grandes y acompáñela de una ensalada fresca.

LIBRE DE GLUTEN Y TRIGO

FALAFEL DE BABY KALE CON HUMMUS VERDE

RACIONES	4
PREPARACIÓN	30 min, más refrigeración
COCCIÓN	30 min

PARA EL FALAFEL

240 g de garbanzos en conserva

30 g de baby kale

1 cucharada de semillas de sésamo

2 dientes de ajo, picados

1 cucharadita de comino en polvo

1 cucharadita de cilantro en polvo

una pizca de pimienta de cayena

2 cucharadas de harina de arroz integral

1 ½ cucharadas de aceite de oliva virgen extra

2 cucharadas de agua

sal y pimienta negra recién molida

ensalada, pan de pita y gajos de limón, para servir

PARA EL HUMMUS

80 g de garbanzos en conserva

50 g de baby kale

1 diente de ajo pequeño, picado

1 ½ cucharada de tahini

1 limón

3 cucharadas de aceite de oliva extra virgen

sal y pimienta negra recién molida

LAS HOJAS DE BABY KALE TIENEN UN SABOR ÁCIDO Y PARECIDO AL LIMÓN, UN POCO COMO LA ACEDERA O LAS ESPINACAS BABY. LE DAN UN PRECIOSO COLOR VERDE A ESTE FALAFEL Y ESTE HUMMUS.

1 Empiece haciendo el falafel. Escurra y enjuague los garbanzos y colóquelos en un robot de cocina o una batidora. Añada la baby kale, las semillas de sésamo, los ajos, las especias con una pizca de sal y la harina de arroz integral. Vierta también el aceite de oliva virgen extra y el agua y triture todo hasta obtener una masa espesa. Añada más agua si la mezcla queda demasiado seca y se desmigaja.

2 Con una cuchara, saque la mezcla del robot de cocina y dele forma de 12 hamburguesas redondas y planas. Póngalas en un plato, cúbralas con papel film y refrigérelas durante 1 hora o toda la noche.

3 Para hacer el hummus, ponga los garbanzos en un robot de cocina. Añada la baby kale, el ajo y la tahini. Ralle finamente la piel del limón e incorpórela junto con el zumo del limón y una cucharada aceite de oliva virgen extra.

4 Triture el hummus hasta obtener una textura suave y espesa. Si queda muy seco, añada más aceite de oliva o un poco de agua. Pruébelo, salpimiente y resérvelo.

5 Precaliente el horno a 180 °C. Engrase una bandeja de horno con un poco de aceite de oliva. Disponga los falafel en la bandeja y hornéelos durante 30 minutos, dándoles la vuelta a los 15 minutos, hasta que queden dorados y cocinados por completo.

6 Caliente 4 panes de pita en la parte inferior del horno durante los 1-2 minutos finales para ablandarlos. Sirva los falafel en los panes de pita con ensalada, algunas cucharadas de hummus verde y gajos de limón para exprimir.

LIBRE DE LÁCTEOS

BUÑUELOS DE KALE, MAÍZ Y PUERRO

PARA	20 buñuelos pequeños
PREPARACIÓN	15 min
COCCIÓN	40 min

NECESITARÁ

2 cucharadas de aceite de oliva

2 puerros, podados, cortados a lo largo por la mitad y en rodajas finas

¾ de cucharadita de sal marina fina

2 dientes de ajo, picados

450 g de kale cavolo nero, lavada, sin tallos y cortada en pedazos del tamaño de un bocado

300 g de maíz dulce en grano, descongelado si está congelado

30 g de perejil fresco, finamente picado

20 g de queso parmesano vegetariano rallado

1 cucharada de zumo de limón

¼ de cucharadita de eneldo seco

2 huevos

120 ml de suero de leche

60 g de harina blanca

75 g de polenta

¼ de cucharadita de bicarbonato de sodio

aceite vegetal, para freír

pimienta negra

crema agria, para servir (opcional)

ESTOS VERSÁTILES BUÑUELOS SON UN APERITIVO FANTÁSTICO PARA UNA FIESTA INFORMAL, UNA BUENA COMIDA ESCOLAR O INCLUSO UNA CENA EXCELENTE CON UN HUEVO FRITO A CABALLO.

1 En una sartén grande antiadherente, caliente el aceite de oliva a fuego medio-alto. Añada los puerros y una pizca de sal y cocine durante 7 minutos, removiéndolos de vez en cuando hasta que se ablanden. Si es necesario, baje el fuego para evitar que se doren. Agregue el ajo y cocínelo, removiendo todo durante 1 minuto. Añada la kale y cocínela durante 5 minutos, removiéndola frecuentemente, hasta que se ablande y quede tierna.

2 Pase el contenido de la sartén a un cuenco e incorpore el maíz, el perejil, el parmesano, el zumo de limón, el eneldo y el resto de la sal. Sazone todo con pimienta negra. Forme un hueco en el centro del cuenco, rompa los huevos y bátalos bien. Vierta el suero de leche y mezcle todo.

3 Espolvoree la harina, la polenta y el bicarbonato de sodio por encima y mezcle suavemente todo hasta que quede ligado.

4 Limpie la sartén, añada una capa fina de aceite y caliéntelo a fuego medio-alto hasta que brille. Ponga en la sartén 2-3 cucharadas de masa para cada buñuelo y cocínelos por tandas para que no se amontonen en la sartén. Baje el fuego a medio-bajo y ajústelo según sea necesario para que los buñuelos se cocinen por completo sin quemarse. Cocínelos durante 4 minutos por cada lado para que se doren.

5 Disponga los buñuelos en una rejilla o un plato forrado con papel de cocina. Añada un poco más de aceite en la sartén y continúe cocinándolos por tandas hasta que haya utilizado toda la masa. Sírvalos calientes o a temperatura ambiente y, si lo desea, con una cucharada de crema agria.

ADELÁNTESE: Estos buñuelos son increíblemente versátiles y pueden prepararse previamente y luego recalentarlos o servirse a temperatura ambiente.

MOLINILLOS DE KALE Y ALCACHOFA

RACIONES	4
PREPARACIÓN	30 min, más refrigeración
COCCIÓN	30 min

NECESITARÁ

- 70 g de kale, lavada, sin tallos y troceada
- 1 cucharada de levadura nutricional
- 1 cucharada de aceite de oliva
- 125 g de corazones de alcachofa marinados, troceados
- 1 diente de ajo, picado
- 35 g de castañas de agua enlatadas, troceadas
- 1 masa de hojaldre sin gluten (la mitad de un paquete, 500 g aproximadamente), descongelada

ESTAS SOFISTICADAS Y COLORIDAS PASTAS SON MUY SABROSAS Y DESAPARECERÁN EN CUALQUIER FIESTA. PUEDE PREPARARLAS PARA LA COMIDA SUSTITUYENDO EL HOJALDRE POR TORTILLAS MEXICANAS GRANDES.

PREPARACIÓN PREVIA: Necesitará varias horas para que esto se asiente antes de hornearlo, o prepararlo el día antes de hornear.

1 Mezcle la kale, la levadura nutricional, el aceite de oliva, los corazones de alcachofa, el ajo y las castañas de agua en un cuenco.

2 Con el rodillo, extienda la masa de hojaldre hasta obtener un rectángulo de 28 x 35 cm. Deje un borde de 2,5 cm en uno de los lados largos y distribuya el relleno por toda la masa de hojaldre.

3 Empiece por el lado largo sin borde, enrolle el hojaldre con cuidado y presiónelo todo junto para sellar el extremo en el borde. Envuélvalo en papel film y refrigérelo por lo menos 4 horas antes de hornearlo.

4 Cuando esté listo para hornearlo, precaliente el horno a 180 °C y forre una bandeja de horno con papel sulfurizado.

5 Quite el papel film de la pasta y córtela en rodajas de 1 cm. Colóquelas en la bandeja de horno, separadas por 1 cm entre sí. Hornéelas durante 15-17 minutos hasta que queden doradas. Sirva los molinillos calientes.

LIBRE DE
LÁCTEOS, GLUTEN
Y TRIGO

VARIACIONES DE LOS MOLINILLOS DE KALE

ESTOS MOLINILLOS DE PASTA DE HOJALDRE SON PERFECTOS PARA ACOGER LA RICA Y SABROSA TAPENADE PROVENZAL, LOS POPULARES SABORES DE LA PIZZA O LA SORPRENDENTE COMBINACIÓN DE ALBARICOQUE Y ROMERO... ¡COMO PROBAR UN BOCADO SIMULTÁNEO DE VERANO Y OTOÑO!

(VG) (SL)

MOLINILLOS DE TAPENADE DE KALAMATA

Mezcle la kale, la levadura nutricional y el aceite de oliva en un cuenco como en la página 72. Reemplace las alcachofas, el ajo y las castañas de agua por 30 g de aceitunas de kalamata, 30 g de piñones y 40 g de alcaparras, y continúe con la receta principal.

(VG) (SL)

MOLINILLOS DE PIZZA

Mezcle la kale, la levadura nutricional y el aceite de oliva en un cuenco como en la página 72. Sustituya las alcachofas, el ajo y las castañas de agua por 30 g de tomates secos troceados, la mitad de un pimiento verde sin semillas y troceado y 55 g de anacardos tostados y troceados, y continúe con la receta principal.

(VG) (SL)

MOLINILLOS DULCES Y SALADOS DE ALBARICOQUE Y ROMERO

Mezcle la kale, la levadura nutricional y el aceite de oliva en un cuenco como en la página 72. En lugar de alcachofas, ajo y castañas de agua, añada 160 g de orejones de albaricoque, 2 ramitas de romero fresco sin tallo y picadas, 80 g de anacardos tostados y troceados, y 50 g de azúcar moreno fino, y continúe con la receta principal.

ALCACHOFAS

Las alcachofas ofrecen un sabor único y fuerte a los platos salados. Están repletas de vitaminas, fibra y antioxidantes, y son divertidas de comer. Las hojas más tiernas son muy sabrosas, pero la mejor parte de la alcachofa es el jugoso corazón. El centro de este superalimento es extremadamente versátil y añade sabor a todo tipo de platos. Almacenar alcachofas de buena calidad marinadas en un tarro o una lata hace que sea más fácil darle vida a las ensaladas o a lu pasta tan solo añadiendo unas pocas.

DOLMADES DE KALE

RACIONES	6-8
PREPARACIÓN	30 min
COCCIÓN	50 min

NECESITARÁ

aceite de oliva virgen extra, para freír

1 cebolla pequeña, en daditos

150 g de arroz blanco de grano largo

50 g de grosellas

400 ml de agua hirviendo, más 120 ml de agua caliente

50 g de piñones

un buen puñado de perejil, picado

un puñadito de eneldo fresco, picado

un puñadito de menta fresca, picada

1 cucharadita de canela en polvo

1 cucharadita de puré de tomate concentrado

el zumo de 1 limón

600 g de kale cavolo nero

sal y pimienta negra

ensalada fresca y rodajas de limón, para servir

**LIBRE DE
LÁCTEOS, GLUTEN
Y TRIGO**

AL IGUAL QUE LAS HOJAS DE PARRA, LAS HOJAS PLANAS Y LARGAS DE CAVOLO NERO SON EXCELENTES PARA RELLENAR. ESTOS DELICIOSOS DOLMADES SON PERFECTOS COMO PARTE DE UN SURTIDO DE ENTREMESES.

1 Caliente un poco de aceite de oliva virgen extra en un cazo a fuego lento. Añada la cebolla y salpimiéntela. Tape el cazo y cocínela a fuego lento durante 10 minutos, hasta que la cebolla esté blanda pero sin color. Remuévala de vez en cuando.

2 Incorpore el arroz y las grosellas en el cazo. Vierta el agua hirviendo, tápelo, suba el fuego y llévelo a ebullición. Baje el fuego y hierva todo a fuego lento durante 10 minutos, hasta que el arroz esté cocinado y se haya absorbido toda el agua.

3 Mientras el arroz se cocina, caliente una sartén a fuego medio. Añada los piñones y tuéstelos durante 2-3 minutos, sacudiendo la sartén constantemente hasta que queden dorados y huelan a nueces.

4 Incorpore los piñones al arroz con las hierbas frescas picadas, la canela, el puré de tomate y el zumo de limón. Mézclelo bien, pruébelo y salpimiéntelo a su gusto. Resérvelo.

5 Mientras el relleno se cocina, llene una cacerola con más agua y llévela a ebullición. Añada la kale, hiérvala a fuego lento durante 2 minutos para que se ablande y luego escúrrala bien.

6 Coloque una hoja de cavolo nero, con el tallo mirando hacia arriba, sobre su superficie de trabajo. Ponga 1 cucharada del relleno en el centro de la hoja. Doble el tallo hacia arriba por encima del relleno, pliegue los lados sobre el centro y luego enrolle el dolmade empezando por el extremo del tallo. Colóquelos en un plato con el cierre hacia abajo y continúe rellenando y enrollando el resto de dolmades.

7 Coloque los dolmades apretados en una cacerola de base gruesa. Vierta los 120 ml de agua caliente. Tápela y cocínelos a fuego medio durante 25-30 minutos hasta que el agua se haya evaporado. Saben mejor si los sirve tibios o fríos y no calientes directamente de la cacerola.

«KALESADILLAS»

RACIONES	1
PREPARACIÓN	15 min
COCCIÓN	15 min

NECESITARÁ

1 cucharada de aceite de oliva

½ pimiento rojo, en daditos

50 g de kale, lavada, sin tallos y bastamente troceada

1-2 cebollas tiernas, en daditos

1 tortilla mexicana

½ lata de frijoles refritos (opcional)

50 g de queso cheddar rallado

un puñado de cilantro fresco, lavado y picado

salsa mexicana y crema agria, para servir

LAS QUESADILLAS SON REALMENTE FÁCILES DE HACER Y CONVIERTEN UNA COMIDA NORMAL EN UN ACONTECIMIENTO DIVERTIDO. ¡MULTIPLIQUE LA RECETA SI TIENE LA INTENCIÓN DE COMPARTIRLA!

1 Añada el aceite de oliva a un cazo a fuego medio. Saltee el pimiento, la kale y las cebollas tiernas durante 5-7 minutos.

2 Ponga la tortilla en una sartén a fuego medio y distribuya los frijoles encima, si los utiliza.

3 Después de 1-2 minutos de cocinar los frijoles, añada la mezcla de verduras, el queso y el cilantro.

4 Doble la tortilla por la mitad. Cocínela durante 2 minutos más y dele la vuelta. Cocínela otros 3-4 minutos y dele la vuelta otra vez hasta que el queso empiece a derretirse. Sírvala con salsa y crema agria.

MARGARITA DE KALE Y PEPINO

RACIONES	I
PREPARACIÓN	IO min

NECESITARÁ

90 ml de zumo de pepino

20-45 ml de zumo de kale

90 ml de zumo de lima, y un poco más para el borde de la copa

sal gorda, para el borde de la copa

hielo

45-90 ml de tequila

20 ml de sirope de azúcar

rodajas de pepino y gajos de lima, para servir

¡LA KALE PUEDE SER UN AÑADIDO DELICIOSO A LA HAPPY HOUR! DISFRUTE DE UN TOQUE DE ZUMO DE KALE EN SU CÓCTEL, A LA VEZ QUE AÑADE UNAS VITAMINAS EXTRA A SU VELADA.

1 Primero, prepare el zumo de pepino. Pase medio pepino por la licuadora o el extractor de zumos, siguiendo las instrucciones del fabricante. La cantidad de zumo varía según la máquina: por lo tanto, puede usar más o menos pepino en función de sus necesidades.

2 Prepare el zumo de la kale como el anterior, con unas 5 hojas de kale, más o menos (incluidos los tallos).

3 Ahora sale el borde de la copa. Vierta un poco de zumo de lima en un plato poco hondo y la sal gorda en otro (la suficiente para cubrir el fondo del plato). Gire la copa boca abajo y sumerja el borde en el zumo y luego en la sal.

4 Llene la copa con hielo. En una coctelera o un tarro con tapa, agite el zumo de pepino, el zumo de kale, el resto del zumo de lima, el tequila y el sirope de azúcar y mezcle bien, Vierta el contenido sobre el hielo en la copa y sirva el margarita con un gajo de lima o una rodaja de pepino.

LIBRE DE
LÁCTEOS, GLUTEN
Y TRIGO

VARIACIONES DEL CÓCTEL DE KALE
PUEDE QUE SE SORPRENDA, PERO EL ZUMO DE KALE COMBINA BIEN CON LA MAYORÍA DE SUS CÓCTELES FAVORITOS.

(VG) (SL) (SG) (ST)

SPRITZER DE FLOR DE SAÚCO Y KALE
Eche 3-4 cubitos de hielo en una copa de vino y llene dos tercios de esta de agua con gas. Añada 20 ml de zumo de kale, 20-45 ml de licor de flor de saúco (Saint Germain es una buena marca) y 45 ml de zumo de pepino. Sirva el cóctel con una rodaja de limón. Para 1 ración.

(VG) (SL) (SG) (ST)

GIN FIZZ DE KALE
Llene un vaso de coctelera con hielo y después cúbralo hasta la mitad con agua con gas. Añada 90 ml de zumo de pepino, 45 ml de zumo de kale, 45 ml de ginebra y 45 ml de sirope de azúcar, tápelo y agítelo para mezclar. Sírvalo con una rodaja de pepino en el borde del vaso. Para 1 ración.

(VG) (SL) (SG) (ST)

GRANITA DE KALE
Con la batidora, triture unos 16 cubitos de hielo, 180 ml de ron o cachaça (un licor brasileño), 2-3 rodajas de piña fresca o enlatada y escurrida, 90 ml de zumo de pepino, 45 ml de zumo de kale y 45 ml de sirope de azúcar hasta que el hielo quede picado. Añada más o menos alcohol a su gusto. Para 3-4 raciones.

PEPINOS

Los pepinos, que tienen su origen en el sudeste asiático, son 90 por ciento agua y contienen sílice, que es increíble para la piel. Contienen altos niveles de potasio, magnesio y vitaminas C y K. Hacer zumos con ellos es una manera refrescante de aprovechar sus beneficios nutricionales.

El zumo de pepino, el zumo de lima y la menta le dan un giro refrescante a la limonada clásica. ¿Por qué no prueba también a añadir un poco de zumo de kale?

DIRTY KALE MARTINI

RACIONES	I
PREPARACIÓN	5 min

NECESITARÁ

80 ml de ginebra

15 ml de vermut seco

15 ml de zumo de kale fresca

15 ml de jugo de aceitunas o salmuera (de bote)

5-10 ml de zumo de limón recién exprimido

aceitunas, para decorar

A VECES, ES DIVERTIDO CAMBIAR LAS COSAS UN POCO. EL LIMÓN Y LAS ACEITUNAS COMBINAN PERFECTAMENTE CON LA GINEBRA Y LA KALE, Y ESTE MARTINI CASA CON ESTOS INGREDIENTES PARA CREAR UN CÓCTEL EQUILIBRADO Y SABROSO.

1 Primero, haga el zumo de kale. Pase 5 hojas grandes de kale (incluidos los tallos) por la licuadora o el extractor de zumos siguiendo las instrucciones del fabricante. La cantidad de zumo varía según la máquina, especialmente para los vegetales de hoja; por lo tanto, puede que necesite un par más o menos de hojas.

2 Vierta la ginebra, el vermut, el zumo de kale, el jugo de aceitunas y el zumo de limón en una coctelera o un tarro tapado lleno de hielo. Agítelo y luego cuele el resultado en un vaso de cóctel helado. Decórelo con aceitunas y sírvalo enseguida.

LIBRE DE
LÁCTEOS, GLUTEN Y TRIGO

Receta en la página 91

PLATOS PRINCIPALES

ESTOFADO DE SALCHICHAS CON KALE Y LENTEJAS

HAMBURGUESAS PORTOBELLO DE JUDÍAS Y KALE

PIZZA CON KALE Y TALEGGIO

ENCHILADAS DE CHIPOTLE PICANTE, KALE Y LIMA

CUENCO DE ARROZ CON KALE, BEICON Y HUEVO

BOLLOS TAIWANESES DE PANCETA Y KALE

BONIATOS RELLENOS DE KALE Y JUDÍAS NEGRAS
CON CREMA DE ANACARDOS CON CHIPOTLE

RISOTTO DE CEBADA PERLADA, KALE Y PARMESANO

LENTEJAS, CEBOLLAS CARAMELIZADAS Y KALE CON NUECES TOSTADAS

DOSAS DE KALE Y BONIATO CON CHUTNEY DE COCO

ESTOFADO DE SALCHICHAS CON KALE Y LENTEJAS

RACIONES	4
PREPARACIÓN	30 min
COCCIÓN	1 h

NECESITARÁ

aceite de oliva virgen extra, para freír

500 g de salchichas de cerdo

1 cebolla grande, en daditos

1 puerro grande, podado y en rodajas finas

2 zanahorias, peladas y en daditos

1 rama de apio, en daditos

2 dientes de ajo, picados

250 g de lentejas verdes cocidas

2 ramitas de tomillo fresco

1 hoja de laurel seca

650 ml de caldo de pollo caliente

500 g de kale, lavada y sin tallos

sal y pimienta negra

UN ESTOFADO CALIENTE PUEDE ALEGRARLE DURANTE LOS DÍAS FRÍOS DE INVIERNO. ESTE ESTOFADO DE SALCHICHAS DE ESTILO ITALIANO ES EXCELENTE POR SÍ SOLO, PERO TAMBIÉN PODRÍA SERVIRLO ACOMPAÑADO DE PAN CRUJIENTE PARA MOJAR.

1 Caliente un chorrito de aceite de oliva virgen extra en una sartén honda o un wok a fuego medio-bajo. Añada las salchichas y fríalas durante 4-5 minutos, girándolas para que se doren por todas partes. Sáquelas de la sartén y resérvelas en un plato.

2 Añada la cebolla, el puerro, las zanahorias y el apio a la sartén y salpimiente todo. Saltéelo durante 8-10 minutos hasta que las verduras se ablanden. Si parece que están empezando a pegarse al fondo de la sartén, añada un chorrito de agua.

3 Incorpore los ajos a la mezcla de verduras. Cocínelo todo y remuévalo durante 1 minuto, hasta que la sartén empiece a oler de manera dulce y aromática. Incorpore las lentejas, el tomillo y la hoja de laurel.

4 Eche las salchichas de nuevo a la sartén, anidándolas entre las verduras. Vierta el caldo de pollo. Tápela y hierva todo a fuego lento durante 30 minutos hasta que las salchichas estén cocinadas del todo.

5 Añada la kale a la sartén. Remueva todo durante 5-8 minutos hasta que la kale queda blanda y cocinada. Pruebe y ajuste la condimentación y sirva de inmediato.

LIBRE DE LÁCTEOS

VARIACIONES DEL ESTOFADO DE SALCHICHAS CON KALE

LAS SALCHICHAS, LAS LENTEJAS Y LA KALE COMBINAN MUY BIEN, PERO PARA OBTENER NUEVOS SABORES. MÉZCLELO CON UN POCO DE ESPECIAS DEL NORTE DE ÁFRICA O PRUEBE UNA CARNE DIFERENTE.

ESTOFADO DE SALCHICHAS MERGUEZ CON KALE Y LENTEJAS

Sustituya las salchichas de cerdo por 500 g de salchichas merguez, y el tomillo y el laurel por 2 cucharaditas de semillas de comino y una cucharadita de copos de chile. Normalmente, las salchichas merguez son más delgadas que las de cerdo: por lo tanto, reduzca el tiempo de cocción a 20-25 minutos en el paso 4. Esparza abundante perejil fresco picado por encima para servirlo.

ESTOFADO DE POLLO CON KALE Y LENTEJAS

En lugar de salchichas, fría 4 muslos y 4 jamoncitos de pollo. Siga la receta de la página 88, pero cocine durante 40-45 minutos en el paso 4. Vigile la sartén y añada un chorrito de agua si piensa que el pollo se está secando demasiado rápido.

ESTOFADO DE SALCHICHAS CON KALE Y GARBANZOS

Fría las salchichas a fuego lento durante 10-12 minutos, hasta que estén cocinadas por completo. Cambie la cebolla y el puerro por 2 cebollas rojas en daditos, las lentejas por 240 g de garbanzos cocinados y el tomillo y la hoja de laurel por un puñado de salvia fresca picada y una guindilla roja suave picada. Siga la receta, pero reduzca el tiempo de cocción a 20-25 minutos en el paso 4. Desmenuce un poco de queso feta por encima del plato antes de servirlo.

HAMBURGUESAS PORTOBELLO DE JUDÍAS Y KALE

RACIONES	2
PREPARACIÓN	10 min
COCCIÓN	35 min

NECESITARÁ

2 champiñones portobello grandes

1 cucharada de aceite de oliva

1 cebolla dulce pequeña, troceada

2 dientes de ajo, picados

175 g de judías blancas cocidas, como la blanca riñón, trituradas

4 hojas grandes de kale, lavadas, sin tallos y troceadas en pequeños pedazos

2 panes grandes de hamburguesa sin gluten

hojas de kale, rodajas de tomate, láminas de aguacate y salsa de tomate (opcional), para servir

LIBRE DE
LÁCTEOS, GLUTEN
TRIGO

ESTAS DELICIOSAS Y COMPLETAS HAMBURGUESAS SON LAS FAVORITAS EN CUALQUIER HOGAR Y SE LAS PEDIRÁN UNA Y OTRA VEZ.

1 Precaliente el horno a 180 °C y forre una bandeja de horno con papel sulfurizado.

2 Limpie los champiñones utilizando papel de cocina y retire los tallos. Con una cuchara, quite las laminillas de cada champiñón y deséchelas. Coloque los sombreros de los champiñones en la bandeja de horno, con la parte del tallo hacia abajo.

3 Hornéelos durante 10 minutos para eliminar el exceso de líquido. Retírelos del horno y déjelos enfriar.

4 Caliente el aceite de oliva en una sartén a fuego medio; a continuación, añada la cebolla, los ajos, las judías y la kale, y saltéelo todo durante 10 minutos hasta que se ablande.

5 Rellene cada sobrero de champiñón con la mezcla de kale y judías y colóquelos en la bandeja de horno. Hornéelos durante 15 minutos. Sírvalos en un pan de hamburguesa tostado con hojas de kale, rodajas de tomate y láminas de aguacate, y con salsa al lado, si lo desea.

(imagen en la página 86)

PIZZA CON KALE Y TALEGGIO

PARA	2 pizzas de 30 cm
PREPARACIÓN	20 min, más el tiempo de reposo
COCCIÓN	10 min

NECESITARÁ

450 g de masa para pizza integral o multicereales

harina blanca, para espolvorear

450 g de kale, lavada y sin tallos

60 ml de aceite de oliva

1 cucharada de zumo de limón recién exprimido

4 dientes de ajo

¼ de cucharadita de sal

¼ de cucharadita de copos de chile

40 g de queso Pecorino vegetariano rallado

12 aceitunas negras de Marruecos maceradas en aceite, deshuesadas

300 g de queso taleggio

CUANDO SE COCINA EN UN HORNO MUY CALIENTE, LA KALE SE CHAMUSCA Y SE VUELVE CRUJIENTE EN ALGUNOS SITIOS, LO QUE LE DA UN SABOR A NUEZ, LIGERAMENTE AHUMADO Y ABSOLUTAMENTE DELICIOSO A ESTA PIZZA.

1 Precaliente el horno a 290 °C, o tan alto como sea posible, y coloque una rejilla en el tercio superior del horno. Si dispone de una piedra para pizza, colóquela encima de la rejilla. Deje que el horno se precaliente bien, de manera que esté tan caliente como sea posible.

2 Divida la masa en dos bolas, espolvoréelas ligeramente con harina y déjelas en una tabla de cortar cubiertas con un paño limpio o una toalla. Deje reposar la masa por lo menos 30 minutos.

3 Si utiliza kale cavolo nero, corte las hojas en tiras largas y delgadas. Si usa kale rizada, arranque las hojas en trozos grandes y desiguales.

4 Vierta 2 cucharadas de aceite de oliva y el zumo de limón en un cuenco grande. Aplaste los dientes de ajo en una tabla para cortar, pélelos y sazónelos con la sal. Con un cuchillo de chef, pique el ajo con la sal hasta conseguir una pasta áspera. Coloque la mitad del ajo salado en el cuenco, bata el aderezo con un tenedor y luego añada la kale. Con sus manos, masajee la kale con el aderezo durante 1-2 minutos. Déjela reposar.

5 En un cuenco pequeño, mezcle las 2 cucharadas restantes de aceite de oliva, el resto de ajo salado y los copos de chile.

6 Si utiliza una piedra para pizza, forre una pala para pizza con un cuadrado de 30 cm de papel sulfurizado. En el papel, alise una bola de masa para hacer un círculo delgado de 30 cm. ¡Un círculo algo «rústico» se acepta perfectamente! Píntelo con la mitad del aceite de ajo y chile, y cubra toda la superficie hasta los bordes. Espolvoree 2 cucharadas de Pecorino por encima. Trocee 6 aceitunas y espárzalas por la masa. Corte el taleggio en pedazos pequeños —incluya la corteza o no, a su gusto— y espárzalo por la masa, reservando un poco.

(continúa)

QUESO RICOTTA

El queso ricotta añade cremosidad y contrasta magníficamente con la base de pizza crujiente: véase la variación de la página 95.

7 Deslice la pizza y el papel sulfurizado fuera de la pala sobre la piedra. Hornéela hasta que haya subido y esté ligeramente dorada, durante unos 5 minutos, y luego retírela del horno con la pala. Trabaje deprisa, esparza la mitad de la kale aliñada sobre la pizza y termine poniendo encima de todo los trozos que ha reservado del taleggio. Vuélvala a meter en el horno y hornéela durante 5 minutos más. Durante el minuto final, encienda el gratinador del horno al máximo. La corteza debe estar bien dorada y la kale un poco chamuscada. Retire la pizza del horno, córtela en porciones y sírvala. Repita el mismo proceso para hacer la segunda pizza.

SI NO HAY PIEDRA, NO HAY PROBLEMA: Para cocinar la pizza sin una piedra, meta una bandeja de horno en el horno al menos media hora antes de hornearla. Prepare la pizza en una hoja de papel sulfurizado y, con cuidado, deslice la pizza cruda sobre la bandeja caliente. Hornéela según las instrucciones.

VARIACIONES DE LA PIZZA CON KALE
TENER ALGUNAS RECETAS ESPECIALES DE PIZZA EN LA MANGA LE CONVERTIRÁ EN UN GRAN ANFITRIÓN DE FIESTAS. INCORPORE ESTAS VARIACIONES A SU REPERTORIO Y SU POPULARIDAD SE DISPARARÁ.

PIZZA CON RICOTTA CREMOSO Y TOMATES CHERRY

Para añadir una capa de cremosidad, pinte solo con aceite de oliva la masa y mezcle el ajo, los copos de chile y el Pecorino con 340 g de queso ricotta. Esparza la mezcla uniformemente sobre la masa de pizza o ponga algunas cucharadas de la mezcla debajo y encima de la kale. Esparza 250 g de tomates cherry cortados por la mitad sobre la pizza antes de meterla en el horno. Incluya o ignore las aceitunas y el taleggio a su gusto.

PIZZA CON ENSALADA DE KALE

Para dar un toque fresco e igualmente delicioso a esta pizza, utilice kale cavolo nero y córtela en tiras muy delgadas. Agréguela al aderezo como se ha indicado anteriormente, pero no la hornee. Después solo tiene que añadir la ensalada de kale encima de la pizza antes de servirla.

PIZZA CON KALE Y MOZZARELLA

La kale con ajo funciona igual de bien en la clásica pizza con mozzarella. Para hacer esta versión, reduzca a la mitad el aceite de oliva, el ajo y la sal. Prepare el aderezo de la kale según las instrucciones, pero no haga ningún aceite de chile. En su lugar, esparza alrededor de 120 ml de su salsa de tomate favorita sobre la masa y extiéndala uniformemente, dejando un borde fino alrededor del borde. Sustituya el taleggio por mozzarella rallada. Ignore las aceitunas. Hornee la pizza según las instrucciones de la receta principal.

ENCHILADAS DE CHIPOTLE PICANTE, KALE Y LIMA

RACIONES	6
PREPARACIÓN	15 min
COCCIÓN	30 min

NECESITARÁ

1 cucharada de aceite de oliva

1 cebolla pequeña, en daditos

1 diente de ajo, picado

3-4 pimientos chipotle en adobo, en daditos

1 lata (800 g) de tomate troceado

450 g de kale, lavada, sin tallos y troceada

240 g de arroz integral hervido

280 g de judías negras cocidas

6 tortillas mexicanas integrales

sal y pimienta negra

PARA LA CREMA DE LIMA Y ANACARDOS

130 g de anacardos crudos, remojados durante varias horas

el zumo y la raspadura de 2 limas (alrededor de 120 ml de zumo)

120 ml de agua

LIBRE DE LÁCTEOS

NINGUNA COMIDA ES TAN RECONFORTANTE COMO UN GRAN PLATO DE ENCHILADAS: ¡LA CREMA DE LIMA Y ANACARDOS NO HACE MÁS QUE MEJORARLAS!

1 Primero, prepare la crema de lima y anacardos. Mezcle los anacardos remojados, el zumo de lima y la raspadura en un robot de cocina o en una batidora y triture a la máxima potencia hasta obtener una crema suave. Añada agua con la cuchara para diluirla hasta lograr la consistencia que desee. Resérvela hasta que se necesite (se conserva bien en el frigorífico hasta 3 días).

2 Precaliente el horno a 180 °C.

3 Caliente el aceite de oliva en una cacerola a fuego medio, y saltee la cebolla y el ajo hasta que queden translúcidos.

4 Añada los chipotles, los tomates y la kale, y cocine todo a fuego lento durante 10-15 minutos, removiéndolo de vez en cuando. Retire la cacerola del fuego y salpimiéntelo a su gusto.

5 Ponga dos tercios de la salsa en un cuenco grande, y añada el arroz y las judías cocidas. Reserve el tercio restante de la salsa para terminar las enchiladas.

6 Monte las enchiladas: caliente las tortillas en una sartén a fuego lento o durante unos segundos en el microondas.

7 Ponga unas cuantas cucharadas de la salsa reservada en el fondo de una fuente de horno. Coloque 2/3 de una taza con la mezcla de arroz y judías en el centro de la tortilla y finalice el relleno con 2-3 cucharadas de la crema de lima y anacardos.

8 Enrolle la tortilla y colóquela con el cierre hacia abajo en la fuente de horno. Repita el proceso con las otras 5 tortillas y luego vierta el resto de salsa por encima.

9 Cúbralas con papel de aluminio y hornéelas durante 30 minutos. Quite el papel de aluminio y hornéelas durante 5-7 minutos más.

CUENCO DE ARROZ CON KALE, BEICON Y HUEVO

RACIONES	I
PREPARACIÓN	10 min
COCCIÓN	30 min

NECESITARÁ

60 g de arroz basmati
  integral

1 cucharada de vinagre
  de arroz

1 cucharada de semillas
  de sésamo

1 huevo

75 g de kale, lavada,
  sin tallos y en juliana

180 ml de agua
  hirviendo, para cubrir
  la kale

3 lonchas de beicon

sriracha u otra salsa
  picante, para servir

LIBRE DE
LÁCTEOS, GLUTEN
Y TRIGO

LOS CUENCOS DE CERALES CONSTITUYEN UNA COMIDA SALUDABLE Y RECONFORTANTE. ESTE PRESENTA ARROZ BASMATI INTEGRAL CON AROMA DE FRUTOS SECOS, CUBIERTO CON KALE, BEICON CRUJIENTE Y UN HUEVO SUAVEMENTE ESCALFADO.

1 Lave el arroz debajo de agua corriente fría durante 1-2 minutos. Si tiene tiempo, sumérjalo en agua fría durante 30 minutos y luego aclárelo bien.

2 Ponga el arroz en un cazo. Cúbralo con el agua hirviendo, tápelo y llévelo a ebullición. Tan pronto como esté hirviendo, baje el fuego al mínimo posible y deje hervir el arroz a fuego lento suavemente durante 25 minutos hasta que se haya absorbido toda el agua.

3 Retire el arroz del fuego y déjelo tapado en el cazo durante 5 minutos más. Incorpore el vinagre y las semillas de sésamo en el arroz.

4 Llene una sartén honda con alrededor de 6 cm de agua. Llévela justo al punto de ebullición, de manera que algunas burbujas rompan la superficie. Rompa el huevo en una taza o cuenco y échelo al agua.

5 Deje que el huevo se cocine durante 1 minuto: el agua debería burbujear suavemente. Retírelo del fuego y deje que el huevo se asiente en el agua durante 3-5 minutos hasta que esté cocido a su gusto. Si alguna parte del huevo flota por encima del agua, eche algunas cucharadas de agua caliente por encima de vez en cuando.

6 Mientras el huevo se escalfa, ponga la kale en un cuenco resistente al calor. Cúbrala con agua hirviendo, déjela allí durante 2 minutos y, luego, escúrrala bien.

7 Haga el beicon a la plancha hasta que quede crujiente. Ponga el arroz en un cuenco caliente para servir y cúbralo con la kale y el beicon. Saque el huevo escalfado del agua con una espumadera, colóquelo en la parte superior del cuenco y sirva el plato con una salsa picante.

BOLLOS TAIWANESES DE PANCETA Y KALE

PARA	12 bollos
PREPARACIÓN	45 min, más el tiempo de leudar, reposar, encurtir y marinar
COCCIÓN	3 h 30 min

PARA LA PANCETA

85 g de azúcar moreno fino

2 anises estrellados

1 cucharada de raíz de jengibre fresco, picado

2 dientes de ajo, picados

60 ml de agua hirviendo

900 g de panceta de cerdo

aceite de cacahuete o de girasol, para freír

PARA LOS BOLLOS

110 ml de leche

120 ml de agua

4 cucharaditas de levadura seca de panadero

2 cucharaditas de azúcar

450 g de harina panificable, y un poco más para espolvorear

2 cucharaditas de levadura química en polvo

1 cucharadita de bicarbonato de sodio

1 cucharadita de sal

aceite vegetal, para engrasar

(continúa)

LOS GUA BAO SON UNOS POPULARES BOLLOS ESPONJOSOS COCIDOS AL VAPOR. SE NECESITAN REALIZAR BASTANTES PASOS PARA HACERLOS EN CASA, PERO NINGUNO ES DEMASIADO DIFÍCIL.

EL DÍA ANTERIOR

1 En un cuenco, mezcle todos los ingredientes de la panceta excepto la carne de cerdo y el aceite, y remuévalos hasta que el azúcar se haya disuelto. Ponga la panceta en un plato y extienda la marinada por ambos lados. Deje marinar la carne de cerdo en la mezcla durante 1 hora.

2 Precaliente el horno a 250 °C. Saque la panceta de la marinada y colóquela en una fuente de horno metálica; reserve la marinada. Ase la panceta durante 30 minutos para que la piel se ampolle.

3 Vierta la marinada reservada por encima de la carne de cerdo. Cubra la fuente sin apretarla con papel de aluminio, baje la temperatura del horno hasta los 150 °C y ase la panceta durante 2 horas, hasta que esté cocinada por completo pero no se rompa. Saque la carne de cerdo del horno y déjela enfriar en la fuente. Envuélvala herméticamente en papel de aluminio y enfríela en el frigorífico durante la noche.

UNAS HORAS ANTES

4 Empiece a hacer los bollos. Caliente ligeramente la leche y el agua juntas en un cazo, sin que lleguen a hervir, y luego espolvoree la levadura de panadero y el azúcar dentro. Retire el cazo del fuego y deje que se asiente hasta que la levadura de panadero se haya activado y la parte superior del líquido esté llena de espuma.

5 Tamice el resto de los ingredientes en un cuenco. Vierta la leche y el agua calientes y mézclelo todo con sus manos hasta formar una masa. Amásela sobre la superficie de trabajo durante 8-10 minutos hasta que esté sedosa y suave. Si se pega un poco, siga amasándola. Intente no añadir más harina, ya que podría resecar la masa. Ponga la masa otra vez en el cuenco, cúbrala con un paño limpio y déjela reposar en un lugar cálido durante 2 horas hasta que haya duplicado su tamaño.

(continúa)

PARA LA KALE ENCURTIDA

200 g de kale, lavada, sin tallos y en juliana

120 ml de vinagre de vino blanco

65 g de azúcar

2 cucharaditas de sal

PARA LA GUARNICIÓN

140 g de cacahuetes crudos

2 cucharadas de agua

2 cucharadas de azúcar

1 cucharada de cinco especias chinas

1 cucharadita de sal

cilantro fresco, cebolla tierna en juliana y chile en rodajas, para servir

6 Mientras la masa aumenta, encurta la kale. En un cuenco grande, cubra la kale con agua hirviendo y sumérjala durante 2 minutos. Escúrrala y exprima cualquier exceso de líquido.

7 Mezcle el resto de los ingredientes para la kale en un cuenco. Incorpore esta última, cúbralo todo y deje que se asiente por lo menos durante I hora o toda la noche.

8 Ahora, prepare la guarnición de cacahuete. Tueste los cacahuetes en una sartén seca durante 3-4 minutos, sacudiéndola hasta que se doren. Póngalos en un cuenco, frótelos y deseche las pieles.

9 Añada el agua y el azúcar en la misma sartén. Hiérvalo todo durante I-2 minutos hasta que alcance una textura de almíbar, luego incorpore los cacahuetes y el resto de los ingredientes. Coloque los cacahuetes en una tabla, trocéelos bastamente y resérvelos.

CUANDO ESTÉ LISTO PARA SERVIR

10 Coloque la masa sobre la superficie de trabajo y golpéela un par de veces para que vuelva a bajar. Divídala en I2 trozos iguales. Espolvoree un poco de harina sobre su superficie de trabajo y alise con el rodillo cada trozo de masa hasta que tenga I0 cm de ancho. Colóquelos todos en una bandeja o una tabla, cúbralos con un paño limpio o una toalla, y déjelos reposar durante 30 minutos.

11 Una vez los bollos hayan subido, engrase un palillo chino con un poco de aceite vegetal, colóquelo en el centro de cada bollo y doble los dos lados hacia el palillo. Baje el horno a potencia mínima.

12 Forre una vaporera de bambú con papel sulfurizado. Colóquela sobre un cazo o un wok con un poco de agua hirviendo a fuego lento en el fondo. Cocine al vapor los bollos I0-I5 minutos por tandas hasta que queden ligeros y esponjosos. Mantenga el horno caliente.

13 Corte la panceta en lonchas de unos 5 mm. Caliente el aceite en una sartén y fría las lonchas por tandas durante 5-6 minutos, dándoles la vuelta unas cuantas veces, hasta que queden crujientes y caramelizadas. Cuando estén hechas, corte cada loncha por la mitad. Coloque la panceta en un plato y manténgala caliente en el horno.

14 Ponga en cuencos separados la kale, los cacahuetes, las hojas de cilantro, la cebolla tierna y el chile, y llévelos a la mesa para que los comensales puedan servirse ellos mismos.

15 Lleve los bollos y la panceta a la mesa y deje que cada comensal se monte su propio bollo perfecto con kale encurtida.

VARIACIONES DE LOS BOLLOS TAIWANESES
LA PANCETA DE CERDO ES EL RELLENO CLÁSICO DE LOS BOLLOS TAIWANESES AL VAPOR, PERO HAY MUCHAS MANERAS DE MEZCLAR INGREDIENTES. ADEMÁS, TAMPOCO TIENEN POR QUÉ ESTAR FUERA DEL ALCANCE DE VEGETARIANOS Y VEGANOS.

SOLOMILLO, SALSA DE MOSTAZA Y KALE ENCURTIDA

Prepare la kale y los bollos según la receta. El mismo día que los sirva, haga una salsa de mostaza mezclando 130 g de mostaza a la antigua, 4 cucharadas de mostaza de Dijon y 4 cucharadas de crema agria en un cazo y caliéntelas suavemente. Caliente una sartén de base gruesa hasta que eche humo. En lugar de utilizar carne de cerdo, unte 450 g de solomillo de ternera con aceite vegetal o de cacahuete y salpiméntelo. Fría los trozos de solomillo durante 3-4 minutos por lado para que quede más que poco hecho (dependiendo de su grosor). Reserve el solomillo durante algunos minutos envuelto en papel de aluminio, luego córtelo y sírvalo con los bollos, la salsa de mostaza y la kale encurtida.

TIRAS DE POLLO, KALE ENCURTIDA Y SRIRACHA

Prepare los bollos, la kale y los cacahuetes según la receta pero omita la carne de cerdo. Precaliente el horno a 180 °C. Coloque 4 pechugas de pollo sin piel ni huesos entre dos hojas de papel film. Golpéelas con el rodillo hasta que tengan alrededor de 5 mm de grosor. Espolvoree 4 cucharadas de harina blanca en un plato y sazónelas con sal y pimienta. Rompa 2 huevos en otro plato y bátalos. Esparza 200 g de pan rallado en un tercer plato. Sumerja las pechugas de pollo en la harina, después en el huevo y, por último, en el pan rallado. Colóquelas en bandejas de horno engrasadas y hornéelas durante 30 minutos hasta que estén doradas y cocinadas por completo. Córtelas en tiras y sírvalas con los bollos, las guarniciones y un poco de salsa sriracha.

CHAMPIÑONES, KALE ENCURTIDA Y HOISIN

Prepare los bollos, la kale y los cacahuetes según la receta. Lave 12 champiñones grandes y colóquelos en un cuenco. Mezcle 2 cucharadas de aceite de cacahuete o de girasol con 2 cucharadas de salsa de soja ligera, 1 cucharada de vinagre de arroz blanco o negro, 1 cucharada de raíz de jengibre fresco picado y 4 dientes de ajo picados. Añada la mezcla a los champiñones y gírelos para recubrirlos con la marinada. Déjelos marinar durante 30 minutos. Cocine los champiñones a la plancha durante 10-15 minutos hasta que queden dorados y jugosos. Córtelos en láminas y sírvalos con los bollos, la kale encurtida, los cacahuetes y la salsa hoisin.

BONIATOS RELLENOS DE KALE Y JUDÍAS NEGRAS CON CREMA DE ANACARDOS CON CHIPOTLE

RACIONES	4
PREPARACIÓN	20 min
COCCIÓN	1 h 10 min

NECESITARÁ

4 boniatos

aceite vegetal (opcional)

1 cucharada de aceite de oliva

1 cebolla

¼ de cucharadita de sal

2 dientes de ajo, picados

450 g de kale cavolo nero, lavada, sin tallos y en tiras delgadas

175 g de judías negras cocidas

175 g de maíz dulce en grano, descongelado

PARA LA CREMA DE ANACARDOS CON CHIPOTLE

175 g de anacardos crudos

240 ml de agua

1 pimiento chipotle en adobo, enlatado

2 dientes de ajo

el zumo de 1 lima

½ cucharadita de sal

LIBRE DE LÁCTEOS, GLUTEN Y TRIGO

ESTOS BONIATOS RELLENOS SON UN PLATO DELICIOSO Y RECONFORTANTE, REPLETO DEL MÁXIMO PODER NUTRICIONAL. SON CREMOSOS Y FANTÁSTICOS SIN TENER QUE SACRIFICAR NI UNA PIZCA DE INTENSIDAD SALUDABLE.

1 Precaliente el horno a 200 °C.

2 Para hacer la crema de anacardos con chipotle, ponga los anacardos en un robot de cocina o una batidora con el agua, el pimiento chipotle, los dientes de ajo, el zumo de lima y la sal. Tritúrelo todo durante 2 minutos, parando para raspar los lados tantas veces como sean necesarias, hasta que quede perfectamente suave y cremoso. Si utiliza una batidora convencional y quedan trocitos de anacardo, cuele la crema con un colador de malla fina si se desea.

3 Lave los boniatos y séquelos bien. Pínchelos en varios lugares con los dientes del tenedor. Si quiere que la piel quede un poco crujiente, úntelos ligeramente con aceite vegetal. Coloque los boniatos en una bandeja de horno forrada con papel de aluminio y hornéelos durante 45-75 minutos, dependiendo del tamaño, hasta que queden tiernos por dentro.

4 Caliente el aceite de oliva a fuego medio-alto en una sartén grande. Añada la cebolla y sal y cocínela durante 7 minutos aproximadamente, removiéndola de vez en cuando, hasta que se ablande. Añada los ajos y cocínelo todo, removiéndolo, 1 minuto más. Agregue la kale y siga cocinándolo todo durante aproximadamente 5 minutos, removiéndolo a menudo, hasta que esta quede blanda y tierna. Incorpore las judías y el maíz y continúe cocinándolo durante otros 2 minutos aproximadamente, hasta que estén totalmente calientes.

5 Para servirlos, abra cada uno de los boniatos, rellénelos con la mezcla de kale y rocíe por encima la crema de anacardos con chipotle.

VARIACIONES DE LOS BONIATOS RELLENOS
LA KALE BRILLA CON LA MISMA INTENSIDAD ENCIMA DE LAS PATATAS AL HORNO. PRUEBE LA VARIACIÓN DEL CUENCO, O PREPARE CUALQUIERA DE LAS VERSIONES MÁS DIVERTIDAS E INFANTILES CREANDO EL BUFÉ DE PATATAS.

PATATAS AL HORNO

Las saludables patatas al horno son indispensables en los menús vegetarianos. Sustituya los boniatos por las patatas. Unte ligeramente la piel con aceite, pínchelas con los dientes del tenedor y colóquelas en la bandeja superior del horno a 220 °C durante 20 minutos. Baje la temperatura a 200 °C y hornéelas durante 40-60 minutos más, dándoles la vuelta a la mitad del tiempo, hasta que queden tiernas. Para el relleno, reemplace las judías negras por garbanzos. Sustituya la crema de anacardos por crema agria.

BUFÉ DE PATATAS

Para convertir esta sencilla comida en una fiesta, cree un bufé de patatas. Duplique el volumen de la receta (según sea necesario), disponga los ingredientes como en un bufé y deje que los invitados se sirvan ellos mismos. Puede añadir guarniciones adicionales como rodajas finas de cebolla tierna, y, si lo desea, puede servir las judías y el maíz separados de la kale para dar más opciones a los invitados. Esta idea también funciona bien con niños. Es más sencillo que coman alimentos que hayan ayudado a preparar, así que involúcrelos en la preparación.

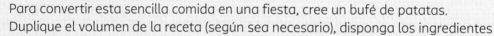

CUENCO DE KALE Y BONIATOS

En lugar de asar los boniatos enteros, córtelos en dados de 2 cm. Puede dejarles la piel o pelarlos antes de cortarlos, según prefiera. Mezcle los dados con 2 cucharadas de aceite de oliva y ¼ de cucharadita de sal marina fina. Extienda la mezcla sobre una bandeja de horno o dos, asegurándose de no amontonar los trocitos. Hornéelos a 200 °C hasta que queden tiernos, unos 25 minutos. Mezcle con cuidado los trocitos de boniato con el contenido de la sartén según la receta principal y distribuya la mezcla en distintos cuencos. Rocíe crema de anacardos por encima y sirva los cuencos.

CREMA DE ANACARDOS

Tan sencillo como unos anacardos remojados triturados con un poco de agua, la crema de anacardos es un ingrediente versátil sin lácteos. Constituye una base ideal tanto para salsas saladas como dulces y puede utilizarse para casi lo mismo que se usa la crema de leche. Se espesa rápidamente cuando se calienta e incluso se puede montar. Los anacardos de la imagen están tostados y salados como aperitivo. Utilice frutos secos crudos y sin tratar para hacer la crema de anacardos.

RISOTTO DE CEBADA PERLADA, KALE Y PARMESANO

ESTE SABROSO RISOTTO SE PREPARA CON CEBADA PERLADA Y ES UNA ESTUPENDA ALTERNATIVA AL HABITUAL RISOTTO DE ARROZ, ADEMÁS DE SER FÁCIL DE COCINAR. SÍRVALO CON PAN CRUJIENTE Y UNA ENSALADA PARA UNA COMIDA LIGERA O UNA CENA.

RACIONES	4
PREPARACIÓN	10 min
COCCIÓN	35 min

NECESITARÁ

- 1 cebolla, troceada finamente
- 2 dientes de ajo, picados
- 2 cucharadas de aceite de oliva
- 350 g de cebada perlada, enjuagada con agua fría y escurrida
- el zumo y la raspadura de 1 limón grande
- 1,5 l de caldo vegetal
- 80 g de queso parmesano vegetariano rallado, y un poco más para servir
- 25 g de mantequilla salada
- 150 g de kale, lavada, sin tallos y en juliana
- sal y pimienta negra

1 En una sartén grande o wok, saltee la cebolla y los ajos con el aceite de oliva a fuego lento hasta que queden blandos pero sin dorar. Añada la cebada perlada y cocínela durante 2-3 minutos, removiendo todo constantemente.

2 Incorpore la raspadura y el zumo de limón y luego el caldo vegetal, que deberá verter con un cucharón tras otro, asegurándose de que este se absorbe por completo antes de añadir más. Cuando la cebada esté blanda e hinchada, tape la sartén y apague el fuego. Déjela reposar durante 2-3 minutos.

3 Incorpore el queso, la mantequilla, la kale y una pizca de sal y pimienta y mézclelo todo bien. Vuelva a encender el fuego y caliente la mezcla a fuego lento, removiéndola constantemente.

4 Sirva el risotto en unos cuencos calientes con más queso parmesano.

LIBRE DE
TRIGO

VARIACIONES DEL RISOTTO DE CEBADA PERLADA

EL RISOTTO ES UN PLATO TAN RECONFORTANTE Y POPULAR QUE MERECE LA PENA AMPLIAR SU REPERTORIO AÑADIENDO INGREDIENTES PARA TODOS LOS GUSTOS.

ST

RISOTTO DE KALE, BEICON Y SETAS

¿Por qué no añadir beicon crujiente y setas para una versión fácil y horneada de esta receta de risotto? Ase a la parrilla 100 g de beicon troceado hasta que quede crujiente. Sumerja 2 funghi porcini deshidratados en 150 ml de agua hirviendo durante 10 minutos. Fría 100 g de champiñones de campo con 1 cucharada de aceite de oliva durante 5 minutos hasta que se ablanden. Escurra los funghi, reserve el líquido, y luego córtelos en láminas finas y añádalos a los champiñones de campo fritos. Añada la cebada perlada y el líquido de los hongos y remuévalo todo vigorosamente. Incorpore el beicon cocinado, 150 g de kale en juliana y 450 ml de caldo vegetal, y luego póngalo todo en una fuente refractaria. Cubra el risotto y hornéelo en un horno precalentado a 200 °C durante 25-30 minutos, hasta que quede blando y cremoso. Sírvalo inmediatamente con queso parmesano rallado.

V

ARANCINI RELLENOS DE MOZZARELLA

Los arancini son unas croquetas redondas de arroz, que generalmente se preparan con el risotto sobrante. Coloque las sobras de la receta original en un cuenco grande (con la mitad de la receta tendría al menos para unas 8-10 croquetas). Añada 50 g de pan rallado y 1 huevo batido a la mezcla de risotto. Mézclelo bien todo y luego haga bolas con la mezcla y empuje un dadito de mozzarella en el centro de cada una de ellas. Sumerja las bolas en huevo batido, páselas por pan rallado y fríalas en aceite de oliva durante unos 4 minutos, hasta que queden doradas. Escúrralas en papel de cocina y sírvalas calientes, con una pizca de sal y unas rodajas de limón.

V

TOMATES RELLENOS DE CEBADA PERLADA Y KALE

Estos tomates rellenos son fáciles de preparar y estarán sobre la mesa en poco más de media hora. Corte 4 tomates grandes por la mitad, quite las semillas con una cuchara, pique bastamente la pulpa sobrante del tomate y mézclela con cualquier sobra de risotto. Añada 1 cucharada de pan rallado, 50 g de queso parmesano rallado y 2 cucharadas de perejil fresco picado o albahaca. Mézclelo todo bien y meta con una cuchara el relleno en los tomates. Espolvoree un poco más de queso por encima y métalos en un horno precalentado a 200 °C durante 20-25 minutos, hasta que los tomates estén blandos y el queso dorado y derretido. Sírvalos con pan crujiente y una ensalada de temporada.

TOMATES

Los tomates, ya sean frescos o en conserva, cuentan para una de sus cinco piezas al día, y están repletos de vitaminas, como la C, la B_6 y la E. También contienen ácido fólico, que es esencial para el desarrollo de los huesos y la regeneración celular. Además de ser un superalimento, se pueden comer crudos o cocinados y son la base de muchas recetas familiares muy populares. A menos que necesite un puré suave, no hace falta desechar la piel o las semillas.

LENTEJAS, CEBOLLAS CARAMELIZADAS Y KALE CON NUECES TOSTADAS

RACIONES	4
PREPARACIÓN	15 min
COCCIÓN	20 min

NECESITARÁ

200 g de lentejas

480 ml de agua

2 cucharadas de aceite de oliva

2 cucharadas de mantequilla salada

3 cebollas, en rodajas finas

1 cucharadita de azúcar

200-300 g de kale, lavada, sin tallos y troceada bastamente

queso azul desmenuzado, según se desee (opcional)

30 g de nueces tostadas, troceadas

sal y pimienta negra

PARA UNA CENA SENCILLA ENTRE SEMANA, CUALQUIER COSA CON LEGUMBRES Y VERDURAS GANA. ESTE PLATO ES SALUDABLE Y RÁPIDO DE HACER.

1 Cocine las lentejas en el agua en un cazo pequeño a fuego medio. Cuando estén tiernas, añada 1 cucharada de aceite de oliva y mézclela para ayudar a mantener las lentejas separadas hasta que toda el agua se haya evaporado; luego retírelas del fuego.

2 Mientras las lentejas se enfrían, coloque un cazo a fuego medio y derrita en él la mantequilla. Añada las cebollas, baje el fuego y cocínelas durante 4-5 minutos, removiéndolas constantemente a medida que empiecen a caramelizarse. Incorpore el azúcar y siga removiéndolo hasta que se disuelva; luego apague el fuego.

3 Ponga 1-2 cucharadas de agua en otro cazo, agregue la cucharada restante de aceite de oliva y póngalo a fuego medio. Añada la kale usando unas pinzas para mezclarla continuamente y cocinarla ligeramente al vapor.

4 Añada las lentejas a las cebollas. Cuando el agua se haya absorbido en el cazo de la kale y esta esté cocinada (que no quede demasiado hecha, un color verde brillante es el indicador perfecto de que está lista), incorpórela a las cebollas y las lentejas y mézclelo todo.

5 Viértalo en un cuenco grande y añada el queso azul desmenuzado y las nueces tostadas; salpimiente el plato a su gusto.

LIBRE DE
GLUTEN Y TRIGO

VARIACIONES DE LAS LENTEJAS CON KALE

ESTAS VERSIONES CON JUDÍAS BLANCAS Y GARBANZOS SON PERFECTAS CUANDO CARECE DE TIEMPO. SÍRVALAS SOBRE ARROZ INTEGRAL O QUINOA, O PRUEBE UNA ENSALADA DE JUDÍAS NEGRAS: PERFECTA PARA UN PICNIC VERANIEGO.

V · SL · SG · ST

SALTEADO DE KALE Y JUDÍAS BLANCAS

Esta variación es más sencilla que el plato de lentejas pero igual de satisfactoria. Ponga 4 cucharadas de aceite de oliva en un cazo a fuego medio. Añada 4-6 dientes de ajo picados finamente y saltéelos durante 2 minutos. Añada 400 g de kale y continúe salteándola 5 minutos más hasta que esté ligeramente cocinada. Añada I lata (400 g) de judías blancas enjuagadas y escurridas, salpimiente todo a su gusto y mézclelo durante 5 minutos más. Sirva el salteado sobre un cereal de su elección y añada queso rallado, si lo desea.

VG · SL · SG · ST

GARBANZOS, KALE Y TOMATES

Esta receta es muy similar a la receta de judías blancas, pero con garbanzos. Mezcle ½-I lata (200-400 g) de tomates troceados con I lata (400 g) de garbanzos enjuagados y escurridos antes de cocinarlo todo a fuego lento. Puede servirlo con cereales o con pasta.

VG · SL · SG · ST

ENSALADA DE KALE Y JUDÍAS NEGRAS

Mientras que la variación de judías blancas es más adecuada para una noche de invierno, este es un excelente plato veraniego. Ponga 400 g de kale, el zumo de I lima y I cucharadita de sal en un cuenco grande. Masajee la kale con sus manos durante 30 segundos. Añada I lata (400 g) de judías negras enjuagadas y escurridas; los granos de maíz de I-2 mazorcas (o maíz dulce en grano enlatado, enjuagado y escurrido o maíz dulce congelado, después de descongelarlo); I pimiento rojo sin semillas, en daditos; I aguacate pelado, deshuesado y en daditos; medio manojo de cilantro fresco, lavado, secado y picado finamente, y un poco más de zumo de lima. Mézclelo todo. Para una opción no vegana, añada I-2 cucharadas de crema agria. Salpimiéntela a su gusto.

JUDÍAS

Originarias de América Central y del Sur, las judías son una de las plantas cultivadas más antiguas del mundo. Con gran contenido en proteínas, fibra y magnesio, las judías son un magnífico añadido a su dieta si decide comer menos carne. Pruebe a incorporar judías frescas a las ensaladas para obtener una textura más variada, o agregue volumen a las sopas y guisos con latas de judías cocidas.

En la imagen, de arriba abajo: judías negras, judías pintas y judías mungo.

DOSAS DE KALE Y BONIATO CON CHUTNEY DE COCO

LAS DOSAS SON UNOS PANCAKES DEL SUR DE LA INDIA. SE HACEN TRADICIONALMENTE CON UNA MASA FERMENTADA, PERO ESTA VERSIÓN RÁPIDA UTILIZA HARINA DE GARBANZOS Y BLANCA.

RACIONES	2
PREPARACIÓN	30 min
COCCIÓN	55 min

**PARA LA MASA
DE LAS DOSAS**

25 g de harina de
  garbanzos

50 g de harina blanca

½ cucharadita de
  levadura química

½ cucharadita de
  semillas de mostaza
  negra

½ cucharadita de
  cúrcuma en polvo

½ cucharadita de garam
  masala

240 ml de agua caliente

sal

aceite de coco, para freír

hojas de cilantro fresco y
  rodajas de lima, para
  servir

(continúa)

**LIBRE DE
LÁCTEOS**

1 Empiece preparando la masa para las dosas. Tamice las harinas en un cuenco con la levadura química. Incorpore las especias con una pizca de sal. Lentamente bátalo todo con el agua caliente hasta obtener una masa fina. Resérvelo mientras hace el chutney y el relleno.

2 Para hacer el chutney de coco, caliente una sartén a fuego medio. Añada el chana dal. Tuéstelo durante 1-2 minutos hasta que el dal desprenda un aroma a frutos secos y se dore. Sacúdalo a menudo. Póngalo en una batidora o un robot de cocina.

3 Caliente el aceite de coco en una sartén, añada las hojas de curry y fríalas durante 1-2 minutos hasta que queden crujientes. Incorpórelas al chana dal con el coco rallado, el chile, el jengibre y las semillas de comino. Agregue el agua caliente y una pizca de sal, y triture el chutney hasta que quede suave. Resérvelo.

4 A continuación, haga el relleno. Llene un cazo con agua. Tápelo y llévelo a ebullición. Añada la kale y hiérvala a fuego lento sin la tapa durante 2 minutos. Sáquela del cazo con pinzas o una espumadera y escúrrala. Eche los boniatos troceados en el cazo. Tápelos y hiérvalos a fuego lento durante 15-20 minutos hasta que los boniatos queden tiernos. Pínchelos con un tenedor para comprobar que estén ya hechos.

5 Caliente el aceite de coco en la sartén donde ha tostado el chana dal. Añada la cebolla y saltéela a fuego medio-bajo durante 5-8 minutos hasta que quede blanda y un poco dorada. Incorpore el jengibre, el chile, las semillas de mostaza y las hojas de curry. Cocine y remueva todo durante 1-2 minutos hasta que la mezcla desprenda aroma. Añada la kale a la sartén. Escurra los boniatos y agréguelos también. Remueva y triture los boniatos durante 2-3 minutos hasta que estén aplastados bastamente. Tápelo y resérvelo.

(continúa)

PARA EL CHUTNEY DE COCO

2 cucharadas de chana dal seco (o guisantes amarillos partidos)

1 cucharadita de aceite de coco

2 cucharaditas de hojas de curry

100 g de coco fresco rallado

1 chile verde, sin semillas y picado

1 cucharada de raíz de jengibre fresco, picado

1 cucharadita de semillas de comino

180 ml de agua caliente

sal

PARA EL RELLENO

200 g de kale, lavada, sin tallos y en juliana

2 boniatos, pelados y troceados

1 cucharada de aceite de coco

1 cebolla grande, pelada y troceada

1 cucharada de raíz de jengibre fresco, picado

1 chile verde, sin semillas y picado

1 cucharadita de semillas de mostaza negra

1 cucharadita de hojas de curry

6 Termine el plato friendo las dosas. Limpie la sartén, derrita un poco de aceite de coco, vierta un cuarto de la masa de las dosas y extiéndala para cubrir todo el fondo de la sartén y obtener un pancake delgado. Cocínelas a fuego medio durante 2-3 minutos: no levante los bordes, ya que la masa es muy delicada.

7 Cuando la masa esté hecha, pase una espátula por debajo de los bordes para sacar la dosa. Esparza un cuarto del relleno sobre la dosa. Utilice la espátula para levantar un extremo y luego use los dedos para enrollarla. Póngala en un plato para servirla.

8 Repita el proceso con el resto de la masa y el relleno para hacer 4 dosas. Sírvalas con unas hojas de cilantro fresco y rodajas de limón para exprimir.

UN INGREDIENTE BÁSICO EN CUALQUIER DESPENSA: Puede sustituir el coco fresco rallado por coco deshidratado rallado sin azúcar si dispone de este en su despensa. Utilice 25 g de coco deshidratado y agua hirviendo en vez de agua caliente.

BONIATOS

Los boniatos son
superpatatas. Con gran
contenido en vitamina A,
son también una buena
fuente de vitamina C y
fibra. Más bajos en
calorías que las patatas,
también cuentan como
una de sus cinco piezas al
día, mientras que una
patata normal no.
Utilícelos cuando haga
patatas al horno, patatas
fritas o puré de patatas
para conseguir un toque
nutritivo adicional junto
con un delicioso sabor a
caramelo.

Receta en la página 122

SOPAS, ENSALADAS Y GUARNICIONES

SOPA DE CEBOLLA Y KALE

SOPA DE POLLO PICANTE Y KIMCHI DE KALE

CREMA DE VERDURAS

SOPA PICANTE MARROQUÍ DE KALE Y ARROZ

CREMA DE KALE Y PUERRO

ENSALADA DE KALE IDEAL PARA FAMILIAS

ENSALADA VIETNAMITA DE POLLO

TARRO DE ENSALADA MEXICANA

ENSALADA DE CEREZAS Y KALE CON VINAGRETA AHUMADA

SAAG ALOO DE KALE CON ROTIS CASEROS

GRATÉN DE KALE

SOPA DE CEBOLLA Y KALE

RACIONES	4
PREPARACIÓN	15 min
COCCIÓN	1 h 10 min

NECESITARÁ

- 900 g de cebollas, en rodajas
- 2 cucharadas de mantequilla salada
- 1 cucharada de aceite de oliva
- 1 cucharada de hojas de tomillo fresco, picadas bastamente
- 60 ml de vino blanco
- 600 ml de caldo vegetal
- 200 g de kale, lavada, sin tallos y en juliana
- 75 g de queso cheddar rallado
- 4 rebanadas de una baguette del día anterior
- sal y pimienta negra

(imagen en la página 120)

LA KALE EN JULIANA AÑADE SABOR Y TEXTURA A ESTA NUTRITIVA SOPA, ASÍ COMO TAMBIÉN CUENTA COMO UNA DE SUS CINCO PIEZAS AL DÍA. SERVIDA CON LOS TRADICIONALES PICATOSTES CON QUESO, ES UN SABROSO CUENCO DE COMIDA.

1 Ponga las cebollas en una olla grande con la mantequilla, el aceite y el tomillo, y cocínelas a fuego lento durante unos 45-50 minutos hasta que las cebollas estén dulces y caramelizadas.

2 Añada el vino, el caldo y la kale en juliana, sazone todo a su gusto y tápelo. Cocínelo a fuego lento durante 15-20 minutos hasta que la kale esté cocinada.

3 Precaliente el horno para gratinar. Con una cuchara, ponga el queso encima de la baguette y gratínelos hasta que este se derrita y burbujee.

4 Para servirla, vierta la sopa a cucharadas en unos cuencos de sopa calientes y decore cada uno con los picatostes con queso.

SOPA DE POLLO PICANTE Y KIMCHI DE KALE

RACIONES	4
PREPARACIÓN	20 min
COCCIÓN	30 min

NECESITARÁ

aceite de colza o de girasol, para freír

115 g de setas variadas, en láminas

1 cucharada de raíz de jengibre fresco, picado

2 dientes de ajo, aplastados

1 ½ cucharadas de pasta de miso rojo

2 cucharadas de mirin

1 l de agua

2 pechugas de pollo, sin piel y deshuesadas

75 g de kimchi de kale (véase página 125)

1 cucharadita de gochujang (pasta coreana de pimiento rojo) o salsa picante

sal

cebolla tierna rallada, para servir (opcional)

(imagen en la página 124)

LIBRE DE LÁCTEOS

EN CUALQUIER LUGAR DEL MUNDO DONDE VAYA, SIEMPRE ENCONTRARÁ SOPA DE POLLO. ESTA VERSIÓN COREANA INCLUYE KIMCHI DE KALE PICANTE Y SALSA PICANTE DE CHILE, QUE LE DESPEJARÁN EN UN MOMENTO.

1 Caliente un poco de aceite de colza o de girasol en un cazo. Añada las setas y sazónelas con una pizca de sal. Saltéelas a fuego medio durante 2-3 minutos justo hasta que se doren y se vean jugosas.

2 Incorpore el jengibre y los dientes de ajo a las setas. Cocine y remueva todo durante 1 minuto hasta que el cazo desprenda cierto aroma.

3 Añada la pasta de miso, el mirin y el agua. Tape el cazo, llévelo a ebullición, baje el fuego y agregue las pechugas de pollo. Cocine todo a fuego lento durante 15 minutos hasta que las pechugas de pollo estén cocinadas del todo.

4 Saque las pechugas de pollo del cazo. Déjelas enfriar durante unos minutos y luego utilice dos tenedores para hacer tiras el pollo.

5 Añada las tiras de pollo al cazo con el kimchi y el gochujang (1 cucharadita de gochujang añadirá algo de sabor picante, así que empiece con menos cantidad si lo desea) y cocine todo a fuego lento durante 2-3 minutos para calentarlo. Pruébelo y añada un poco de sal si es necesario.

6 Vierta la sopa con un cucharón en cuencos calientes y esparza la guarnición de cebolla tierna recién rallada, si lo desea.

CÓMO PREPARAR KIMCHI DE KALE

VG **SL**

EL KIMCHI ES UNA GUARNICIÓN TRADICIONAL COREANA CON UN SABOR PICANTE Y AMARGO, CREADO POR LA FERMENTACIÓN DE VERDURAS EN UNA GAMA DE ESPECIAS.

1 Lave 450 g de kale y córtela en trozos de alrededor de 5 cm de ancho; deseche cualquier tallo grueso. Ponga la kale en un cuenco, luego espolvoree 90 g de sal por encima y masajéela. Vierta suficiente agua fría como para cubrirla. Tape el cuenco con papel film y déjela reposar durante 24 horas a temperatura ambiente. Escurra la kale y enjuáguela. Exprímala con cuidado para eliminar cualquier exceso de agua. Póngala otra vez en el cuenco.

2 Pele y corte en juliana 115 g de rábano daikon. Pele y triture finamente 2 cebollas tiernas. Añada el daikon y las cebollas tiernas a la kale con 35 g de gochugaru (copos de pimiento rojo coreano), 4 cucharadas de salsa de pescado, 2 cucharadas de raíz de jengibre fresco picado, 3 dientes de ajo picados, 1 cucharada de harina de arroz, 1 cucharadita de gambas saladas coreanas y 1 cucharadita de azúcar. Remuévalo todo hasta que esté bien mezclado. Ponga el kimchi en un recipiente esterilizado, séllelo y guárdelo en el frigorífico. Después de 24 horas, ábralo con cuidado para dejar salir los gases que haya. Vuelva a poner la tapa y deje que fermente durante una semana. Se conserva bien durante 1 mes.

CREMA DE VERDURAS

RACIONES	6
PREPARACIÓN	20 min
COCCIÓN	30 min

NECESITARÁ

4 cucharadas de mantequilla (50 g)

3 puerros, podados y en rodajas

2 dientes de ajo, picados

1 ½ cucharaditas de sal

450 g de kale, lavada, sin tallos y en juliana

1 cabeza de brócoli, con las flores y los tallos troceados

500 g de patatas, peladas y troceadas

2 l de caldo vegetal

¼ de cucharadita de nuez moscada en polvo

1 hoja de laurel seca

unas cuantas ramitas de tomillo fresco

120 ml de nata doble (opcional), y un poco más para servir

el zumo de ½ limón

rebanadas de pan sin gluten, para servir

LIBRE DE GLUTEN Y TRIGO

EL SENCILLO PLACER DE UN CREMOSO PURÉ DE VERDURAS ENRIQUECIDO CON UN POCO DE MANTEQUILLA Y NATA DOBLE ES SUFICIENTE PARA LEVANTAR EL ÁNIMO INCLUSO EN LAS TARDES MÁS LLUVIOSAS Y FRÍAS.

1 Derrita la mantequilla en una cacerola. Añada los puerros, los ajos y la sal y cocínelos durante unos 5 minutos, removiéndolos de vez en cuando, hasta que los puerros empiecen a estar tiernos. Incorpore la kale y cocínela durante unos 3 minutos hasta que se ablande. Agregue el brócoli y las patatas y cocínelos durante otros 3 minutos.

2 Añada el caldo, la nuez moscada, la hoja de laurel y el tomillo. Suba el fuego para llevarlo a ebullición. Tape la cacerola y hiérvalo a fuego lento durante unos 20 minutos, hasta que las verduras estén tiernas.

3 Retire la cacerola del fuego y quite la hoja de laurel y las ramitas de tomillo. Utilizando una batidora de mano, triture la sopa con cuidado hasta que quede suave. Otra alternativa es dejar enfriar la sopa y utilizar una batidora para batir por tandas. Incorpore la nata doble (si la utiliza) y el zumo de limón.

4 Con un cucharón, sirva la crema en cuencos y rocíe un poco de nata doble por encima (si la utiliza). Sirva la crema con rebanadas de pan sin gluten caliente, si lo desea.

ESTILO VEGANO: Para convertir la receta en vegana, omita la nata doble y sustituya la mantequilla por aceite de oliva.

VARIACIONES DE LA CREMA DE VERDURAS

ES MUY TRADICIONAL EN LA COCINA FRANCESA ADAPTAR UNA CREMA A LA TEMPORADA, UTILIZANDO LAS VERDURAS MÁS FRESCAS E INCLUSO SERVIRLAS FRÍAS SI EL DÍA LO REQUIERE. AQUÍ HAY ALGUNAS ALTERNATIVAS MAGNÍFICAS.

(V) (SG) (ST)

CREMA DE VERDURAS AL HORNO

Añada más intensidad al sabor de su crema horneando brócocli. Agregue 2 cucharadas de aceite de oliva y hornéelo a 200 °C durante unos 30 minutos, dándole la vuelta al cuarto de hora, hasta que quede dorado y tierno. Podría incluso cambiar el brócoli por coliflor. Añada el brócoli con las patatas y proceda como en la receta principal de la página 126.

(V) (SG) (ST)

CREMA DE ACEDERA

Para una crema fuerte y ácida, añada un pequeño manojo de acedera troceada a la crema y saltéela con la kale. Omita el zumo de limón.

(V) (SG) (ST)

CREMA FRÍA DE VERDURAS

En los meses más cálidos, esta crema puede servirse fría. Pruebe a ponerla como aperitivo para una fiesta elegante en el jardín, o incluso servirla en vasos pequeños.

ACEDERA

Técnicamente es una hierba perenne, pero la acedera pasa fácilmente por un vegetal de hoja verde y está deliciosa cortada en juliana en ensaladas, ligeramente salteada o licuada en un smoothie. Su sabor fuerte y ácido eleva a otra dimensión una amplia variedad de platos.

SOPA PICANTE MARROQUÍ DE KALE Y ARROZ

RACIONES	4
PREPARACIÓN	10 min
COCCIÓN	40 min

NECESITARÁ

300 ml de caldo vegetal

1 cebolla, en daditos

4 dientes de ajo, picados

2 zanahorias, peladas y en rodajas

2 cucharaditas de la mezcla de especias ras el hanout

½ cucharadita de pimienta de cayena

1 lata (400 g) de tomates troceados

100 g de arroz de grano largo

250 g de kale, lavada, sin tallos y en juliana

sal y pimienta negra

pan crujiente o pan sin levadura, para servir

LIBRE DE
LÁCTEOS, GLUTEN Y TRIGO

ESTA SOPA PICANTE DE ESTILO MARROQUÍ ES BAJA EN CALORÍAS, PERO MUY SABROSA. REPLETA DE VERDURAS, ES PERFECTA PARA UNA COMIDA LIGERA QUE LE DEJARÁ SATISFECHO.

1 Ponga una cucharada de caldo en una cacerola y saltee la cebolla, los ajos y las zanahorias durante 10 minutos hasta que se ablanden, removiéndolos a menudo.

2 Añada las especias, los tomates, el resto del caldo vegetal y el arroz; tape la cacerola y hierva todo a fuego lento durante 15-20 minutos, hasta que el arroz esté hecho.

3 Sazone el resultado a su gusto con sal y pimienta, añada la kale y hierva todo a fuego lento durante otros 5-10 minutos hasta que la kale esté cocinada.

4 Sirva la sopa inmediatamente con pan crujiente o pan sin levadura caliente.

CREMA DE KALE Y PUERRO

RACIONES	4
PREPARACIÓN	15 min
COCCIÓN	25 min

NECESITARÁ

- 4 cucharadas de aceite de oliva
- 4 puerros, podados y cortados bastamente en rodajas
- ½-1 cabeza de ajos, con los dientes pelados y partidos por la mitad (la cantidad depende de cuánto ajo le guste, pero al menos debería utilizar media cabeza)
- copos de chile (opcional), y un poco más para decorar
- 600 g de kale, lavada y sin tallos
- 1 l de caldo vegetal o de pollo (la receta no será vegana con el caldo de pollo)
- sal y pimienta negra

ESTA SOPA ES PERFECTA PARA UTILIZAR KALE CONGELADA. FUNCIONA BIEN COMO COMIDA LIGERA Y EL DELICIOSO «CHUTE» DE AJO FORTALECE EL SISTEMA INMUNOLÓGICO.

1 Vierta el aceite de oliva en un cazo a fuego medio. Añada los puerros y remuévalos durante 5 minutos. Agregue los ajos, ½ cucharadita de sal, una pizca de pimienta y una pizca de copos de chile, si los usa, y continúe removiendo durante 3 minutos. Añada la kale y 250 ml de caldo y siga removiendo todo durante otros 5 minutos, hasta que la kale esté cocinada. Incorpore 500 ml de caldo y hiérvalo a fuego lento durante 3-5 minutos.

2 Vierta la sopa en un robot de cocina o una batidora y licúela hasta que quede suave. Salpimiéntela a su gusto y añada más caldo si quiere diluir la crema.

LIBRE DE
LÁCTEOS, GLUTEN Y TRIGO

VARIACIONES DE LA CREMA DE KALE

AÑADA ALGUNOS ADEREZOS PARA CONVERTIRLA EN UN PLATO MÁS CONTUNDENTE. UN HUEVO ESCALFADO INCORPORA CREMOSIDAD, MIENTRAS QUE SI LE AGREGA PESCADO CRUDO O VIEIRAS SOASADAS LA TRANSFORMARÁ EN UN PLATO PRINCIPAL.

HUEVO ESCALFADO Y KALE SALTEADA

Añada un huevo escalfado y 25 g de kale salteada encima de la crema para obtener una textura y un sabor adicionales. Decórela con perejil fresco o germinados.

PICATOSTES Y CHICHARRONES

Para una versión más sustanciosa, añada picatostes caseros y chicharrones troceados. Para los chicharrones, corte beicon en trocitos y fríalo en 2 cucharadas de aceite hasta que esté bien hecho. Para los picatostes, precaliente el horno a 220 °C. Ponga en un cuenco la mitad de una baguette o 6-8 rebanadas de pan del día anterior cortado en cuadrados del tamaño de un bocado. Añada 4-5 cucharadas de aceite de oliva, I cucharadita de sal, un poco de pimienta negra y I cucharadita de gránulos de ajo. Mézclelo todo con sus manos y recubra cada trozo. Esparza el pan en una bandeja de horno forrada con papel de aluminio y hornéelo durante IO minutos, o hasta que el pan se dore. Añada los picatostes y los chicharrones encima de la crema.

VIEIRAS SOASADAS

Esta variación puede convertir la crema en un plato principal más que en un mero entrante. Soase 2-3 vieiras por persona en I ½ cucharadas (25 g) de mantequilla y I cucharada de aceite de oliva con un poco de sal y pimienta negra hasta que se doren. Sírvalas encima de la crema con un poco de perejil fresco picado para decorar.

PUERROS

Incluir verduras *Allium* —género de plantas bulbosas del que forman parte las cebollas— en su dieta diaria es importante. Los puerros, que se han cultivado en Europa durante miles de años, son una magnífica opción debido a su alto contenido en vitamina K, B_6 y ácido fólico. Para lavarlos, elimine la parte superior, verde oscura y más gruesa, y la parte inferior, con raíces, y córtelos por la mitad. Sumérjalos en agua para eliminar la suciedad escondida entre cada capa y luego prepárelos como se indique en la receta.

ENSALADA DE KALE IDEAL PARA FAMILIAS

RACIONES	4
PREPARACIÓN	25 min
COCCIÓN	20 min

NECESITARÁ

3 patatas medianas, cortadas en dados de 1 cm

1 cucharada de aceite de oliva, y 2 más para los dados de patata

900 g de kale, lavada y sin tallos

1 lata (400 g) de garbanzos, enjuagados, escurridos y secados

35 g de aceitunas negras de Marruecos maceradas en aceite, deshuesadas y troceadas bastamente

1 paquete (225 g) de queso halloumi, cortado en dados de 1 cm

15 g de levadura nutricional

sal

(continúa)

LIBRE DE GLUTEN Y TRIGO

UNA FANTÁSTICA MANERA DE QUE TODA LA FAMILIA COMA KALE ES DISFRUTÁNDOLA CRUDA EN ENSALADAS. ESTA RECETA ES INCREÍBLEMENTE SABROSA, Y EL SABOR ATREVIDO DE LAS ACEITUNAS, EL HALLOUMI Y LA VINAGRETA RESISTEN BIEN LA POTENCIA DE LA KALE.

1 En primer lugar, haga la vinagreta. Esta receta produce más vinagreta de la que necesitará para la ensalada de kale; lo que le sobre aguanta bien hasta una semana en un recipiente hermético guardado en el frigorífico y complementará una amplia variedad de ensaladas, tanto de verduras como de legumbres. Mezcle todos los ingredientes en un robot de cocina o una batidora, sazónelos con pimienta negra y bátalos hasta obtener una textura espesa y cremosa. Reserve la vinagreta.

2 Precaliente el horno a 220 °C.

3 Coloque los dados de patata en una bandeja de horno con bordes grandes y mézclelos bien con 2 cucharadas de aceite de oliva y una buena pizca de sal. Esparza las patatas uniformemente en la bandeja de horno para evitar que se amontonen. Hornéelas durante 20 minutos en el centro del horno, dándoles la vuelta con una espátula a los 10 minutos, hasta que los dados estén crujientes por fuera y tiernos por dentro. Déjelos enfriar.

4 Mientras las patatas se asan, corte la kale en trocitos del tamaño de un bocado y colóquelos en un cuenco grande. Vierta 60 ml de la vinagreta y, con sus manos, masajee la kale ya aderezada. Este proceso ablandará la kale y reducirá su volumen casi a la mitad. Añada los garbanzos y las aceitunas al cuenco.

(continúa)

PARA LA VINAGRETA CREMOSA DE LIMÓN

120 ml de aceite de oliva virgen extra

60 ml de zumo recién exprimido de limón

2 cucharaditas de mostaza de Dijon

1 diente de ajo, picado bastamente

2 cucharadas de levadura nutricional

½ cucharadita de sal marina fina

pimienta negra

5 Ponga una sartén mediana a fuego medio-alto y caliente la cucharada restante de aceite de oliva. Añada los dados de halloumi y cocínelos, removiéndolos de vez en cuando, hasta que se doren ligeramente por la mayoría de los lados y estén calientes por dentro.

6 Añada el queso y las patatas al cuenco de ensalada. Vierta un poco más de vinagreta y mezcle todos los ingredientes con cuidado. Espolvoree levadura nutricional por encima y vuelva a mezclarlo todo. Sirva la ensalada de inmediato.

AÑADA UN POCO DE SABOR: La levadura nutricional es un sabroso condimento que añade un intenso y satisfactorio sabor a umami a los platos ya terminados. No es absolutamente necesaria, pero no se arrepentirá de probarla.

VARIACIONES DE LA ENSALADA DE KALE

INTERCAMBIAR ALGUNOS INGREDIENTES INTRODUCE SABORES CLÁSICOS Y CAMBIA TOTALMENTE LA VIBRACIÓN DE ESTA ENSALADA.

ENSALADA PICANTE DE JUDÍAS NEGRAS

Cambie los garbanzos por judías negras y las aceitunas negras por aceitunas verdes rellenas de pimiento. Añada un par de tomates cortados en daditos y 175 g de maíz en grano cocinado. En la vinagreta, reemplace la mitad del zumo de limón por zumo de lima y 1 cucharadita de chile en polvo o de aderezo para fajitas antes de batirla.

ENSALADA CÉSAR CON GAMBAS

Omita los garbanzos y el halloumi. En un cuenco grande, marine 450 g de gambas limpias y peladas en 2 cucharadas de aceite de oliva mezcladas con 1 cucharada de zumo de limón, 2 dientes de ajo picados y ¼ de cucharadita de sal. 30 minutos después, ase las gambas a la plancha durante 2 minutos por lado, hasta que estén cocinadas del todo. Añada 3 filetes de anchoa a la vinagreta. Después de mezclar la ensalada, utilice un pelador de verduras para hacer láminas finas de queso parmesano vegetariano y espárzalas por encima de la ensalada.

HALLOUMI

El halloumi es un queso chipriota hecho de una combinación de leche de cabra y de oveja. Permanece intacto cuando se saltea o se hace a la plancha, así que es ideal para cocinarlo y luego añadirlo a ensaladas, platos de verduras cocinadas o incluso sándwiches. Puede ser caro, pero debido a su intenso sabor, con un poco es suficiente.

ENSALADA VIETNAMITA DE POLLO

RACIONES	2
PREPARACIÓN	20 min
COCCIÓN	25 min

NECESITARÁ

1 anís estrellado

1 rama de canela

6 vainas de cardamomo

6 granos de pimienta negra

2 pechugas de pollo, deshuesadas y sin piel

35 g de cacahuetes crudos, y más para servir

200 g de kale, lavada, sin tallos y en juliana

1 cebolla roja pequeña, en rodajas finas

2 zanahorias, peladas y cortadas en palitos

unas cuantas hojas de menta fresca, cortadas

unas cuantas hojas de cilantro fresco, cortadas

1 chile rojo largo, sin semillas y en láminas

PARA EL ADEREZO

el zumo de 1 lima

1 cucharada de azúcar moreno fino

1 cucharada de vinagre de arroz

1 cucharada de salsa de pescado

1 diente de ajo, picado

sal

ESTA ENSALADA, CONOCIDA COMO GOI GA, ES SABROSA Y PICANTE, Y LA REPETIRÁ UNA Y OTRA VEZ.

1 Rellene un cazo hondo con agua. Añada el anís estrellado, la ramita de canela, las vainas de cardamomo y los granos de pimienta. Tápelo y llévelo a ebullición.

2 Ponga las pechugas de pollo en el cazo con el agua hirviendo. Tápelo, baje el fuego y hiérvalas a fuego lento durante 15 minutos hasta que el pollo esté cocinado del todo. Saque el pollo del agua y déjelo enfriar. (Puede guardar este líquido de cocción para preparar una sopa: enfríela y guárdela en el frigorífico hasta 3 días, o en el congelador hasta 3 meses. Es excelente para preparar caldos aromáticos).

3 Caliente una sartén, añada los cacahuetes y tuéstelos durante 1-2 minutos hasta que se doren y desprendan aroma. Sacuda la sartén para que no se quemen. Póngalos en una tabla de cortar. Pélelos y tritúrelos bastamente.

4 Coloque la kale en un cuenco resistente al calor. Vierta agua hirviendo suficiente para cubrirla, déjela allí 2 minutos hasta que se ablande y luego escúrrala bien.

5 Ponga la kale en un cuenco grande y añada la cebolla roja, las zanahorias, la menta y el cilantro fresco.

6 Con dos tenedores, desmenuce el pollo. Añádalo a la kale.

7 Prepare el aderezo batiendo el zumo de lima con el azúcar, el vinagre, la salsa de pescado, el ajo y una pizca de sal. Pruébelo y añada más sal si cree que la necesita.

8 Añada el aderezo a la ensalada y mézclela para cubrirla. Distribúyala en 2 platos, decórela con los cacahuetes triturados y el chile laminado, y sírvala inmediatamente.

LIBRE DE LÁCTEOS, GLUTEN Y TRIGO

TARRO DE ENSALADA MEXICANA

RACIONES	4
PREPARACIÓN	20 min

NECESITARÁ

200 g de kale, lavada, sin tallos y en juliana

2 tomates grandes, en daditos

1 cebolla roja grande, en daditos pequeños

aceitunas verdes rellenas de pimiento, cortadas en anillos (unas 6 aceitunas por tarro)

1 lata (400 g) de judías pintas, enjuagadas y escurridas

450 g de salsa mexicana

6 cucharadas de crema agria, mezclada con 2 cucharaditas de condimento cajún

100 g de queso rallado, por ejemplo, cheddar

nachos, para servir

COLOCADA EN CAPAS EN UN TARRO, ESTA ENSALADA PERMANECE FRESCA EN EL FRIGORÍFICO DURANTE LA NOCHE Y NO HAY NECESIDAD DE AÑADIR NINGÚN ADEREZO EXTRA. MÉZCLELA CON LA SALSA PICANTE Y LA CREMA AGRIA ANTES DE COMER.

1 Ponga los ingredientes en capas en unos tarros de cristal de I litro de capacidad en el orden indicado en la lista.

2 Ponga la tapa a los tarros y guárdelos en el frigorífico durante la noche si no se comen de inmediato.

3 Sírvalos con nachos, para mojar.

MANTÉNGALO FRESCO: Para todas las ensaladas en tarro, si las prepara de noche para quitarse trabajo de encima, vierta el aderezo en el fondo del tarro y luego ponga los ingredientes en capas. ¡Agítelo para servirlo!

LIBRE DE GLUTEN Y TRIGO

VARIACIONES DEL TARRO DE ENSALADA
ESTAS IDEAS PRÁCTICAS Y ÚNICAS LE OFRECEN ALTERNATIVAS DE DISFRUTAR DE UNA COMIDA EN UN TARRO DONDEQUIERA QUE ESTÉ.

(V)

TARRO DE ENSALADA GRIEGA
Visite el Mediterráneo con esta ensalada de inspiración griega con kale troceada y colocada en capas con garbanzos, tomates, aceitunas, queso feta y pepino con un aderezo de limón ácido. Ponga los siguientes ingredientes en capas en cuatro tarros de I l, en el orden indicado: 200 g de kale troceada, 150 g de garbanzos en conserva (escurridos), 100 g de tomates cherry troceados, medio pepino en daditos, 50 g de aceitunas negras troceadas y 150 g de queso feta desmenuzado. Cuando vaya a servir las ensaladas, prepare el aderezo: 2 cucharadas de aceite de oliva mezcladas con el zumo de I limón, sal, pimienta negra y I cucharada de orégano fresco picado. Si quiere hacerla para más gente, también puede ponerla en capas en una ensaladera grande de cristal: solo tiene que duplicar la cantidad de los ingredientes y servirla con chips de pan de pita calientes.

(V) (SL) (SG) (ST)

TARRO DE ENSALADA ARCO IRIS
Este colorido tarro de ensalada arco iris incorpora frutas y frutos secos para añadirle un tono crujiente. Ponga los siguientes ingredientes en capas en cuatro tarros de I l, en el orden indicado: 200 g de kale troceada, 4 gajos de pomelo (fresco o enlatado), 100 g de almendras troceadas, 150 g de fresas troceadas, 2 trozos de aguacate (remojados en zumo de limón), I lata (400 g) de piña y 4 tomates troceados. Cuando vaya a servir las ensaladas, prepare el aderezo: 2 cucharadas de miel mezcladas con el zumo de I limón y I cucharada de albahaca fresca picada.

(V) (SG) (ST)

BURRITOS DE ENSALADA MEXICANA
Esta receta también sirve para un sándwich maravilloso, ideal en un picnic, la oficina o la escuela. Haga la ensalada como en la receta principal de la página 142, pero mezcle todos los ingredientes en un cuenco grande, incluidas la salsa mexicana y la crema agria con cajún. Caliente 4 tortillas de maíz en el microondas y ponga la mezcla en el centro de cada una: doble los dos extremos hacia dentro y luego los lados, y enróllelo para sellar bien el burrito. Sírvalos con salsa de tomate y hojas de lechuga.

AGUACATES

Suaves y deliciosos, los aguacates son muy nutritivos y contienen más potasio que los plátanos. Cargados de ácidos grasos monoinsaturados, que son excelentes para el corazón, también tienen un alto contenido de fibra y vitaminas K, C, B_5, B_6 y E. Los aguacates no contienen colesterol ni sodio y son bajos en grasas saturadas, lo que los convierte en el ingrediente ideal para recetas que promueven la salud y el bienestar.

ENSALADA DE CEREZAS Y KALE
CON VINAGRETA AHUMADA

RACIONES	2
PREPARACIÓN	20 min
COCCIÓN	10 min

NECESITARÁ

450 g de kale, lavada, sin tallos y troceada

3 cucharadas de aceite de coco

1 cucharadita de tamari

1 cucharadita de humo líquido

¼ de cucharadita de pimentón ahumado

1 diente de ajo, picado

5 shiitakes, en láminas

½ aguacate, pelado, deshuesado y en dados

un puñado de cerezas secas

ESTA ES UNA SABROSA VERSIÓN VEGANA DE LA CLÁSICA ENSALADA DE ESPINACAS CON VINAGRETA DE BEICON.

1 Ponga la kale troceada en una ensaladera grande. Derrita el aceite de coco en una sartén a fuego medio. Incorpore el tamari, el humo líquido, el pimentón y el ajo.

2 Añada los shiitakes laminados y saltéelos en el aceite aromatizado hasta que se ablanden. Retírelos del fuego.

3 Vierta la vinagreta ahumada caliente por encima de la kale y mézclela para recubrirla. Decore la ensalada con el aguacate y las cerezas.

TÉCNICA PARA AHORAR TIEMPO: La mejor manera de trocear la kale es eliminar primero los nervios y tallos duros de cada hoja, y luego apilar varias hojas y doblarlas por la mitad. Utilice un cuchillo afilado para cortar la kale doblada en pequeñas tiras. Repita el proceso con todo el manojo de kale para obtener montones de trocitos.

HUMO LÍQUIDO: Este producto está disponible en varios proveedores online.

LIBRE DE
LÁCTEOS, GLUTEN Y TRIGO

SAAG ALOO DE KALE CON ROTIS CASEROS

RACIONES	2
PREPARACIÓN	30 min, más el tiempo de reposo
COCCIÓN	55 min

NECESITARÁ

2 cucharadas de aceite de coco o vegetal

1 cebolla pequeña, troceada finamente

2 dientes de ajo, picados

1 cucharada de raíz de jengibre fresco, picado

1 chile verde largo, sin semillas y picado

1 cucharadita de semillas de mostaza negra

1 cucharadita de semillas de comino

1 cucharadita de cúrcuma en polvo

500 g de patatas, peladas y cortadas en dados pequeños

225 ml de agua fría

200 g de kale, lavada, sin tallos y en juliana

sal y pimienta negra

yogur natural, para servir

(continúa)

EL SAAG ALOO SE HACE GENERALMENTE CON LA ESPINACA QUE LE DA NOMBRE, PERO CUALQUIER VERDURA DE HOJA VERDE ES BUENA. ESTE CURRY SECO ES DELICIOSO CON ROTIS RECIÉN HECHOS.

1 Empiece la masa de los rotis (véase página 150). Tamice la harina en un cuenco. Añada cualquier salvado que se haya quedado atrapado en el tamiz. Tamice la levadura química y, a continuación, añada una pizca de sal. Incorpore el agua caliente para espesar la masa.

2 Ponga la masa en su superficie de trabajo. Amásela durante 3-5 minutos hasta que quede suave y elástica; intente no añadir más harina ya que podría resecar la masa. Solo debe seguir amasándola hasta que se unifique.

3 Ponga la masa de nuevo en el cuenco, cúbrala con un paño limpio y déjela reposar durante 30 minutos.

4 Haga el saag aloo. Caliente el aceite de coco o vegetal en una sartén honda o un wok. Añada la cebolla y salpimiéntela. Mantenga el fuego bajo y fríala durante 5-8 minutos hasta que esté blanda pero sin color. Si empieza a dorarse, baje el fuego. Remueva la cebolla mientras se cocina.

5 Añada los ajos, el jengibre, el chile, las semillas de mostaza y comino y la cúrcuma a la sartén. Cocine y remueva todo durante 1-2 minutos hasta que la mezcla empiece a oler a frutos secos y sea muy aromática.

(continúa)

PARA LOS ROTIS

125 g de harina de trigo integral, y un poco más para espolvorear

2 cucharaditas de levadura química en polvo

60 ml de agua caliente

sal

aceite de coco, para freír

6 Aumente el calor hasta el fuego medio. Añada las patatas a la sartén, tápelas y fríalas durante 8-10 minutos hasta que cojan un poco de color. Remuévalas de vez en cuando mientras se cocinan. Agregue 100 ml de agua fría y cocínelas durante otros 10-12 minutos hasta que las patatas queden blandas.

7 Fría los rotis mientras se cocinan las patatas. Divida la masa en 6 trozos. Espolvoree su superficie de trabajo con un poco de harina y, con el rodillo, alise los trozos para hacer círculos de unos 15 cm de diámetro.

8 Caliente una cucharadita de aceite de coco en una sartén. Añada uno de los rotis y fríalo durante 2-3 minutos hasta que quede dorado por debajo. Dele la vuelta y fríalo durante 1-2 minutos más. Sáquelo de la sartén, póngalo sobre un paño limpio y envuélvalo sin apretar (esto ayudará a mantenerlo blando). Repita el proceso con el resto de los rotis, añadiendo aceite a la sartén cada vez que lo necesite.

9 Añada la kale a las patatas con otros 120 ml de agua. Cocine y remueva todo durante 5-10 minutos hasta todo esté bien cocinado. Sirva el saag aloo de kale con los rotis y el yogur.

VARIACIONES DEL SAAG ALOO
LAS VERDURAS MUY ESPECIADAS TIENEN UN PAPEL PROTAGONISTA EN MUCHOS CURRYS POPULARES. AQUÍ TIENE TRES MÁS PARA QUE LAS PRUEBE.

SAAG ALOO GOBI
Rompa una cabeza de coliflor en pequeñas flores y espárzalas en una bandeja de horno. Rocíelas con aceite de coco. Métalas en un horno precalentado a 180 °C durante 30 minutos, hasta que estén doradas y tiernas. Haga el saag aloo como en la receta principal y agregue la coliflor asada al final. Para 4 raciones.

SAAG PANEER
El paneer es un queso indio suave y sin envejecer con una textura firme que es ideal para cocinar. Para hacer un curry cremoso de paneer, sustituya las patatas por 225 g de paneer, cortado en daditos. Añádalos a la sartén cuando se deberían agregar las patatas y fríalos durante 4-5 minutos hasta que cojan un poco de color y estén completamente calientes. Siga la receta pero reemplace el agua por 240 ml de leche de coco.

SAAG DE POLLO
Cambie las patatas por 2 pechugas de pollo deshuesadas y sin piel. Córtelas en trozos del tamaño de un bocado y fríalos antes que las cebollas durante 5 minutos, o hasta que se doren por todos lados. Sáquelos de la sartén, siga la receta principal y luego añádalos de nuevo junto con el agua en el paso 6.

GRATÉN DE KALE

RACIONES	3-4
PREPARACIÓN	20 min
COCCIÓN	45 min

NECESITARÁ

1 cucharada (15 g)
  de mantequilla,
  y un poco más
  para engrasar

1-2 chalotas, en daditos

3 dientes de ajo, en
  daditos

3 patatas grandes,
  peladas y en rodajas
  finas

una pizca de sal

una pizca de nuez
  moscada en polvo

300-400 ml de leche
  entera

400 g de kale, lavada,
  sin tallos y troceada
  bastamente

50 ml de nata líquida

MIENTRAS QUE LA RECETA TRADICIONAL NORMALMENTE SOLO USA NATA, EN ESTA LA KALE AÑADE UNA TEXTURA AGRADABLE Y DE COLOR VERDE JUNTO CON UN MONTÓN DE VITAMINAS.

1 Precaliente el horno a 200 °C. Unte con mantequilla una fuente de horno o para gratinar de 20 cm.

2 Derrita la mantequilla en una cacerola a fuego medio. Añada las chalotas y cocínelas, removiéndolas, durante 3-4 minutos. Incorpore los ajos y continúe removiendo y cocinando todo durante otros 2-3 minutos hasta que las chalotas queden blandas y translúcidas. Agregue las patatas y continúe removiendo y cocinando la mezcla durante 5-7 minutos.

3 Añada la sal y la nuez moscada, y cocínelo todo, removiéndolo, durante I minuto. Incorpore la leche y cocine la mezcla durante 7-10 minutos más. Agregue la kale y remueva todo hasta que se ablande (esto solo le llevará 30 segundos más o menos). Retire la cacerola del fuego e incorpore la nata líquida.

4 Vierta la mezcla en la fuente de horno. Hornéela durante unos 30-45 minutos hasta que el plato esté burbujeante y las patatas estén doradas y tiernas.

LIBRE DE GLUTEN Y TRIGO

Receta en la página 156

REPOSTERÍA Y POSTRES

BOLLITOS DE KALE Y QUESO MANCHEGO

MUFFINS DE KALE, PIMIENTO ROJO Y FETA

TARTA DE KALE CON CORTEZA DE ACEITE DE OLIVA

BARRITAS DE AVENA CON QUESO Y KALE

BOCADOS CÍTRICOS ENERGÉTICOS

SABROSOS BROWNIES CON TESORO ESCONDIDO

BOLLITOS DE KALE Y QUESO MANCHEGO

PARA	6-8 bollitos
PREPARACIÓN	15 min
COCCIÓN	15 min

NECESITARÁ

mantequilla, para
  engrasar
180 g de harina leudante
½ cucharadita de
  pimentón ahumado
4 cucharadas (50 g)
  de mantequilla
125 g de queso
  manchego, rallado
100 g de kale, lavada, sin
  tallos y en juliana muy
  fina
1 huevo mezclado con
  4 cucharadas de leche
sal y pimienta negra
mantequilla, para servir

(imagen en la página 154)

ESTOS BOLLITOS DE KALE Y QUESO NO SON SOLO MARAVILLOSOS PARA LA MERIENDA, TAMBIÉN CONSTITUYEN UNA MAGNÍFICA ALTERNATIVA A LOS SÁNDWICHES DE LA COMIDA O PARA SERVIRLOS CON SOPAS Y GUISOS.

1 Precaliente el horno a 200 °C. Unte con mantequilla una bandeja de horno grande.

2 Mezcle la harina, el pimentón ahumado y un poco de sal y pimienta en un cuenco grande y añada la mantequilla. Amalgame bien la mantequilla con la mezcla de harina hasta que parezca pan rallado.

3 Incorpore el queso y la kale en juliana y mézclelos bien.

4 Añada gradualmente la mezcla de huevo y leche hasta obtener una masa blanda. (Reserve un poco de la mezcla de huevo para el glaseado).

5 Alise con el rodillo o aplane con las manos la masa en una superficie enharinada y dele forma de círculo grande; luego recorte 6-8 círculos con un cortador de galletas. Coloque los bollitos con cuidado en la bandeja de horno preparada y píntelos por encima con la mezcla de huevo que ha reservado.

6 Hornee durante 10-15 minutos, hasta que los bollitos hayan subido y estén dorados. Déjelos enfriar en una rejilla y sírvalos templados o fríos con mantequilla.

VARIACIONES DE LOS BOLLITOS
LOS BOLLITOS SON UN PILAR PARA MUCHOS REPOSTEROS CASEROS, Y ESTAS RECETAS OFRECEN IDEAS NUEVAS PARA SERVIRLOS.

BOLLITOS DE KALE Y CHEDDAR

Haga los bollitos como en la receta principal, pero omita el queso manchego y el pimentón ahumado; en su lugar añada queso cheddar y mostaza inglesa en polvo. Para servirlos, corte los bollitos por la mitad y unte con mantequilla ambas mitades. Rellénelos a su gusto con lonchas de jamón, rodajas de tomate, ensalada de huevo, rodajas de pepino o con el relleno de su sándwich favorito.

GUARNICIÓN DE BOLLITOS

Utilice esta sabrosa receta de bollitos como guarnición. Prepárelos como en la receta principal y añada queso rallado de su elección como, por ejemplo, un parmesano vegetariano, y luego córtelos en pequeños círculos de 2,5 cm, píntelos con la mezcla de huevo y leche y espolvoree semillas de amapola o de sésamo por encima. Métalos en un horno precalentado a 200 °C durante 20 minutos hasta que hayan subido y estén dorados. Échelos por encima de cualquier sabroso estofado, guiso o chile con carne.

BOLLITOS DE HUEVO, KALE Y QUESO

Prepare estos bollitos para un desayuno o brunch de fin de semana; ¡solo tiene que añadir los huevos a su gusto y servirlos con mucho café! Corte los bollitos por la mitad y tuéstelos ligeramente. Úntelos con mantequilla y luego ponga un huevo escalfado recién hecho encima de cada mitad. Espolvoree pimienta negra recién molida por encima y ofrezca un bollito tostado extra de acompañamiento para mojar la yema. Los huevos revueltos también son maravillosos servidos de esta manera. ¿O por qué no añade un poco de beicon crujiente o espinacas y salsa holandesa para conseguir un plato de desayuno inspirado en los huevos a la florentina?

MUFFINS DE KALE, PIMIENTO ROJO Y FETA

PARA	12 muffins
PREPARACIÓN	15 min
COCCIÓN	30 min

NECESITARÁ

aceite de oliva en spray, para engrasar

1 cucharada de aceite de oliva

2 chalotas, picadas

1 pimiento rojo, en daditos pequeños

1 cucharada de tomillo fresco picado

1 cucharada de romero fresco picado

½ cucharadita de sal

450 g de kale cavolo nero, lavada, sin tallos y cortada bastamente

125 g de harina integral

125 g de harina blanca

2 cucharaditas de levadura química en polvo

½ cucharadita de bicarbonato de sodio

una pizca de pimienta negra recién molida

2 huevos

6 cucharadas (75 g) de mantequilla, derretida

240 ml de suero de leche bien agitado

2 cucharaditas de mostaza de Dijon

115 g de queso feta, desmenuzado

ESTOS SABROSOS MUFFINS SON UNA MERIENDA IDEAL PARA LA FAMILIA O UN DESAYUNO PARA LLEVAR. ESTA ESPESA MASA CREA UNOS SALUDABLES Y PLACENTEROS MUFFINS GRACIAS A LA HARINA INTEGRAL.

1 Precaliente el horno a 200 °C y coloque una rejilla en el centro del horno. Engrase con el aceite en spray un molde para 12 muffins o forre los huecos con vasos de papel desechables para magdalenas.

2 Caliente el aceite a fuego medio-alto en una sartén grande. Añada las chalotas, el pimiento rojo, el tomillo y el romero, junto con una pizca de sal, y cocine todo durante unos 5 minutos, removiéndolo de vez en cuando, hasta que se ablande. Añada la kale y cocine la mezcla durante 5 minutos más, removiéndola con frecuencia, hasta que se ablande.

3 En un cuenco grande, incorpore la harina integral, la harina blanca, la levadura química, el bicarbonato de sodio, la pimienta y el resto de sal.

4 Bata los huevos, la mantequilla derretida, el suero de leche y la mostaza con un tenedor en un cuenco pequeño. Agregue esta mezcla al cuenco de los ingredientes secos y remuévalos con cuidado hasta que se unifiquen. Añada también el contenido de la sartén y el queso feta desmenuzado.

5 Distribuya la masa uniformemente en los huecos del molde. Hornee los muffins durante 18-20 minutos o hasta que, si los pincha, salga el palillo limpio. Sáquelos del molde y déjelos enfriar en una rejilla. Si ha utilizado vasos de papel, deje enfriarlos totalmente antes de comerse los muffins para que estos no se adhieran al papel.

COMBINE A SU GUSTO: Siéntase libre de jugar con los ingredientes, cambiando los quesos, las hierbas o las verduras por otros diferentes, siempre y cuando el volumen de los ingredientes siga siendo el mismo.

TARTA DE KALE CON CORTEZA DE ACEITE DE OLIVA

RACIONES	4
PREPARACIÓN	30 min
COCCIÓN	30 min

NECESITARÁ

4 cucharadas (50 g)
de mantequilla

1-2 cebollas, en rodajas
finas

1 bulbo de hinojo, con
las frondas y la base
del bulbo eliminadas
y cortado en láminas
finas

1-2 endibias, cortadas
en láminas finas

1 cucharada de hojas
de salvia fresca,
picadas finamente

½ cucharada de tomillo
fresco

1 cucharada de azúcar

200 g de kale, lavada,
sin tallos y troceada

sal y pimienta negra

PARA LA CORTEZA
DE ACEITE DE OLIVA

250 g de harina blanca
o integral, y un poco
más para espolvorear

una pizca de sal

60 ml de aceite de oliva

120 ml de agua

LA SUTIL DULZURA DEL HINOJO Y LAS CEBOLLAS COMBINA MUY BIEN CON EL SABOR TERROSO DE LA KALE. JUNTO CON LA CORTEZA DE ACEITE DE OLIVA, ESTA TARTA SUPONE UN PLATO SALUDABLE Y PLACENTERO PARA UNA CENA O UN BRUNCH.

1 Para hacer la corteza, ponga la harina y la sal en un cuenco. Haga un hueco en el centro y vierta en él el aceite de oliva. Utilice un tenedor para mezclarlo todo desde el centro hacia el exterior hasta que el aceite de oliva y la harina estén tan unificados como sea posible. Poco a poco, añada el agua, sin dejar de mezclar el contenido del cuenco, hasta que la haya utilizado toda. Utilice las manos para amasar la mezcla en el cuenco hasta formar una masa.

2 Espolvoree ligeramente con harina una superficie de trabajo y utilice un rodillo para extender la masa a fin de que se adapte a su molde de tarta (si no es antiadherente, úntelo con aceite de oliva). Coloque la masa aplanada en el molde y retire cualquier exceso de masa de los bordes.

3 Precaliente el horno a 200 °C.

4 Caliente la mantequilla en un cazo a fuego medio. Cuando la mantequilla se haya derretido, añada las cebollas, el hinojo, las endibias, la salvia y el tomillo, y remuévalos continuamente mientras se cocinan. Tras 5 minutos, agregue una pizca de sal y pimienta. Después de 10-15 minutos, incorpore el azúcar y cocine durante 5-7 minutos más.

5 Añada la kale y cocine durante otros 3 minutos hasta que quede ligeramente blanda. Incorpore otra pizca de pimienta recién molida.

6 Eche unas cucharadas de la mezcla de verduras encima de la masa y hornee durante 20-25 minutos hasta que la parte superior de la masa esté crujiente.

BARRITAS DE AVENA CON QUESO Y KALE

RACIONES	4-6
PREPARACIÓN	15 min
COCCIÓN	30 min

NECESITARÁ

- 4 cucharadas (50 g) de mantequilla, y un poco más para engrasar
- 100 g de frutos secos troceados variados, como por ejemplo pacanas, almendras y nueces
- 150 g de kale, lavada, sin tallos y cortada finamente en juliana
- 150 g de queso cheddar curado, rallado
- 125 g de copos de avena sin gluten
- 1 cucharadita de tomillo fresco
- 1 huevo, batido
- ½ cucharadita de pimienta de cayena
- sal y pimienta negra recién molida

ESTAS BARRITAS DE AVENA CON QUESO Y KALE SON MUY SABROSAS Y FÁCILES DE HACER; ESTA RECETA SALADA COMPITE CON LA HABITUAL RECETA DULCE, Y AMBAS SON IDEALES COMO TENTEMPIÉS, ASÍ COMO PARA LLEVAR A UN PICNIC.

1 Precaliente el horno a 180 °C. Engrase y forre una bandeja de horno de 27 x 15 cm.

2 Derrita la mantequilla e incorpore los frutos secos variados, la kale en juliana, el queso rallado, la avena, el tomillo y el huevo batido, y mézclelo todo bien. Sazónelos con pimienta de cayena, sal y pimienta negra a su gusto, y mézclelos bien.

3 Vierta la mezcla en la bandeja preparada. Presiónela hacia abajo y hornéela durante 25-30 minutos, o hasta que se dore.

4 Deje enfriar el resultado en la bandeja y luego córtelo en barras o cuadrados. Guárdelos en un recipiente hermético hasta 1 semana.

LIBRE DE GLUTEN Y TRIGO

AVENA

La avena lleva tiempo asociándose a una dieta saludable y tiene muchos beneficios nutricionales para toda la familia; está cargada de fibra dietética (contiene más que cualquier otro cereal) y posee una serie de propiedades saludables que reducen el colesterol. Además de ser un alimento básico para el desayuno, la avena es fabulosa para la pastelería, los platos horneados, los dumplings y los bollitos, y es un gran agente espesante en sopas y guisos. Varias investigaciones demuestran que consumir al menos tres raciones de cereales integrales al día, por ejemplo la avena, como parte de una dieta y un estilo de vida saludables, puede ayudar a reducir el riesgo de enfermedades cardíacas en un 30 por ciento.

BOCADOS CÍTRICOS ENERGÉTICOS

PARA	10-12 bocados
PREPARACIÓN	15 min

NECESITARÁ

- 200 g de anacardos crudos
- 10 dátiles secos, deshuesados
- 70 g de kale, lavada, sin tallos y cortada finamente
- el zumo y la raspadura de 1 limón, unos 60 ml

ESTOS BOCADITOS PUEDEN ATRAER MIRADAS DE EXTRAÑEZA DEBIDO A SU COLOR VERDE, PERO SU SABOR DULCE Y CÍTRICO HARÁ QUE LA GENTE VUELVA A POR MÁS.

1 Triture los anacardos en trocitos con un robot de cocina o una batidora. Añada los dátiles y tritúrelo todo otra vez para que se mezcle.

2 Incorpore la kale, el zumo y la raspadura de limón, y triture la combinación una vez más hasta que se unifiquen los ingredientes.

3 Con la mezcla, haga unas bolitas del tamaño de una pelota de golf. Guárdelas, tapadas, en el frigorífico durante 7-10 días.

LIBRE DE
LÁCTEOS, GLUTEN
Y TRIGO

SABROSOS BROWNIES CON TESORO ESCONDIDO

PARA	12 porciones
PREPARACIÓN	15 min
COCCIÓN	35 min

NECESITARÁ

aceite de oliva en spray, para engrasar

2 cucharadas de semillas de lino recién molidas

80 ml de agua caliente

100 g de harina blanca sin gluten

150 g de azúcar

65 g de cacao vegano en polvo

½ cucharadita de bicarbonato de sodio

½ cucharadita de sal marina

50 g de kale, lavada y sin tallos

120 g de leche de almendras vegana con sabor a chocolate

120 g de chocolate negro vegano, troceado

100 g de aceite de coco

55 g de pepitas de chocolate negro veganas, para decorar

LIBRE DE
LÁCTEOS, GLUTEN
TRIGO

NADIE SERÁ CAPAZ DE ENCONTRAR EL TESORO ESCONDIDO EN ESTOS BROWNIES: ¡QUE ES UNA BUENA DOSIS DE VERDURA!

1 Precaliente el horno a 180 °C y forre un molde cuadrado de 20 x 20 cm con papel sulfurizado y úntelo con aceite.

2 Coloque las semillas de lino en polvo en un cuenco, añada el agua caliente y remuévalas. Refrigérelas durante 10-15 minutos hasta que se forme una gelatina (este es el equivalente a añadir 2 huevos).

3 Tamice la harina, el azúcar, el cacao, el bicarbonato de sodio y la sal marina en un cuenco grande y reserve la mezcla.

4 Mezcle la kale con la leche de almendras con sabor a chocolate en un robot de cocina o una batidora y tritúrelas a la máxima potencia para obtener un líquido. Resérvelo.

5 Derrita el chocolate troceado y el aceite de coco en un cazo pequeño a fuego lento. Retírelo del fuego cuando se haya derretido por completo y déjelo enfriar.

6 Vierta el líquido de kale y la gelatina de semillas de lino en el chocolate derretido y mezcle todo para unificarlo. Añada esta mezcla de chocolate a los ingredientes secos, batiéndolos para unificarlos por completo.

7 Vierta la masa de brownie en el molde preparado y esparza pepitas de chocolate por encima. Hornéelo durante 30 minutos, o hasta que un palillo pinchado hasta el centro salga limpio.

MUELA POR SU CUENTA: La mayoría de las batidoras de gran potencia le permitirá moler por su cuenta las semillas de lino, pero puede utilizar un molinillo de café. Alternativamente, puede utilizar semillas de linaza en polvo.

VARIACIONES DEL BROWNIE DE KALE

HACER ESPIRALES DE MANTEQUILLA DE FRUTOS SECOS EN UN BROWNIE O INCORPORAR CREMA DULCE DE QUESO CONVIERTEN ESTOS BROWNIES EN AÚN MÁS EXQUISITOS. AÑADIR UN BOCADO DE TARTA DE FRUTA O FRUTOS SECOS CRUJIENTES Y DULCES ¡LOS HARÁ TODAVÍA MÁS DELICIOSOS!

(VG) (SG) (ST)

BROWNIES CON MANTEQUILLA DE ALMENDRAS

Mezcle 75 g de mantequilla de almendras, 2 cucharadas de almendras tostadas troceadas y 2 cucharadas de azúcar en un cuenco. Eche la mezcla en la parte superior de los brownies (realizados siguiendo las instrucciones de la receta principal) antes de hornearlos, y haga una espiral entremezclando un poco las dos mezclas.

(VG) (SG) (ST)

BROWNIES CON MEZCLA DE FRUTOS SECOS

Agregue a la masa de los brownies (realizados siguiendo las instrucciones de la receta principal), antes de hornearlos, 55 g de cacahuetes salados, 55 g de frutos secos variados, 40 g de pepitas de chocolate vegano recubiertas con azúcar y 30 g de nueces troceadas.

(VG) (SG) (ST)

BROWNIES CON CHEESECAKE

En un cuenco, mezcle 120 g de crema de queso sin lácteos, 30 g de cerezas secas troceadas y 2 cucharadas de azúcar. Eche la mezcla en la parte superior de los brownies (realizados siguiendo las instrucciones de la receta principal) antes de hornearlos, y haga una espiral entremezclando un poco las dos mezclas.

CHOCOLATE NEGRO

El chocolate negro puede que sea el superalimento preferido de todo el mundo, pues es delicioso, dulce y placentero. Un chocolate de buena calidad está cargado de antioxidantes, minerales y fibra, añadidos a un sabor muy rico y mucha serotonina, que mejora el estado de ánimo. Una cuadradito al día le mantendrá muy feliz: derrítalo en sus gachas del desayuno, mézclelo en su smoothie de después de hacer ejercicio, rocíelo por encima de un cuenco de fruta fresca o ¡disfrútelo en el delicioso brownie de kale!

ÍNDICE

LISTA DE RECETAS POR BLOGGER

32

46

28

40

54

82

43

109

26   71   85   92

104   126   136   158

CAROLYN COPE

62　　68　　76　　88

98　　101　　117　　148

22   35   58   72

91   97   164   167

AGRADECIMIENTOS

Mi más sincero agradecimiento a Kristen Beddard, que escribió
la fantástica introducción a este libro (páginas 10-19).

Un agradecimiento especial a Discoverkale.co.uk por suministrar
toda la maravillosa kale para hacer las recetas de este libro.

Gracias también a Abi Waters, Anna Southgate, Rachel Malig
y Ann Barett.

Quantum Books quiere agradecer el suministro de imágenes para
su inclusión en este libro a:

Istock.com: monamakela 11; **Shutterstock.com**: AnjelikaGr 8-9;
Mandy Godbehear 12; Zigzag Mountain Art 17; Coco 25;
Es75 30; Marysckin 39; Andreja Donkox 49; Jiri Hera 61, 145;
Marylooo 74; Wiktory 83; GooDween123 94; Brian Zanchi 106;
Shebeko 111; Amarita 115; Exopixel 118; Antonova Anna 128;
Gorenkova Evgenija 134; Tom Gowanlock 138; Africa Estudio 168.